中国传统文化传播理念创新研究

张 丹 ◎著

吉林出版集团股份有限公司
全国百佳图书出版单位

图书在版编目（CIP）数据

中国传统文化传播理念创新研究 / 张丹著 . -- 长春：吉林出版集团股份有限公司，2023.3
ISBN 978-7-5731-3158-4

Ⅰ.①中… Ⅱ.①张… Ⅲ.①中华文化—文化传播—研究 Ⅳ.① G125

中国国家版本馆 CIP 数据核字 (2023) 第 056258 号

中国传统文化传播理念创新研究
ZHONGGUO CHUANTONG WENHUA CHUANBO LINIAN CHUANGXIN YANJIU

著　　者	张　丹
责任编辑	宋巧玲
封面设计	李　伟
开　　本	710mm×1000mm　　1/16
字　　数	221 千
印　　张	12.5
版　　次	2023 年 9 月第 1 版
印　　次	2023 年 9 月第 1 次印刷
印　　刷	天津和萱印刷有限公司

出　　版	吉林出版集团股份有限公司
发　　行	吉林出版集团股份有限公司
地　　址	吉林省长春市福祉大路 5788 号
邮　　编	130000
电　　话	0431-81629968
邮　　箱	11915286@qq.com
书　　号	ISBN 978-7-5731-3158-4
定　　价	69.00 元

版权所有　翻印必究

前　言

文化对于任何一个国家而言，都是其无法割断的血脉，无论是对于国家统一还是民族团结都发挥着至关重要的精神纽带作用。中国优秀传统文化就是中华民族共同创造且流传至今的智慧结晶，对于我们党治国理政、人民安居乐业、社会主义文化建设、民族繁荣等都具有十分重要的作用。在新时代背景之下，中国优秀传统文化的传播与创新性发展则是增强国家文化软实力、坚定民族文化自信、促进社会主义文化繁荣、实现民族伟大复兴的关键所在。因此，必须加强中国优秀传统文化的传播与创新性发展，与时俱进，提高优秀传统文化对于现代人的影响，确保中国优秀传统文化代代流传。

全书共六章。第一章为绪论，主要阐述了传统与传统文化、中国传统文化的发展历程、中国传统文化的传播价值等内容；第二章为中国传统文化的主要思想，主要阐述了中国传统伦理文化、中国传统法治文化、中国传统智慧文化等内容；第三章为中国传统文化的基本精神，主要阐述了中国传统文化基本精神的意蕴、中国传统文化基本精神的内容、中国传统文化基本精神的功能等内容；第四章为中国传统文化的传播现状，主要阐述了中国传统文化传播的现实背景、中国传统文化传播取得的成绩、中国传统文化传播存在的问题等内容；第五章为中国传统文化的创新探析，主要阐述了中国传统文化创新的价值意蕴、中国传统文化创新的实践要求、中国传统文化创新的必要性与可行性等内容；第六章为新时代中国传统文化传播与创新路径，主要阐述了新时代弘扬中国传统文化的使命、新时代中国传统文化的传播途径、新时代中国传统文化的创新途径等内容。

在本书撰写的过程中，借鉴了国内外很多相关的研究成果以及著作、期刊、论文等，在此对相关学者、专家表示诚挚的感谢。

由于本人水平有限，书中有一些内容还有待进一步深入研究和论证，在此恳切地希望各位同行专家和读者朋友予以斧正。

目 录

第一章 绪 论 1
 第一节 传统与传统文化 1
 第二节 中国传统文化的发展历程 22
 第三节 中国传统文化的传播价值 26

第二章 中国传统文化的主要思想 33
 第一节 中国传统伦理文化 33
 第二节 中国传统法治文化 42
 第三节 中国传统智慧文化 46

第三章 中国传统文化的基本精神 64
 第一节 中国传统文化基本精神的意蕴 64
 第二节 中国传统文化基本精神的内容 67
 第三节 中国传统文化基本精神的功能 90

第四章 中国传统文化的传播现状 96
 第一节 中国传统文化传播的现实背景 96
 第二节 中国传统文化传播取得的成绩 108
 第三节 中国传统文化传播存在的问题 111

第五章 中国传统文化的创新探析 124
 第一节 中国传统文化创新的价值意蕴 124

  第二节　中国传统文化创新的实践要求……………………128

  第三节　中国传统文化创新的必要性与可行性……………131

第六章　新时代中国传统文化传播与创新路径……………138

  第一节　新时代弘扬中国传统文化的使命…………………138

  第二节　新时代中国传统文化的传播途径…………………141

  第三节　新时代中国传统文化的创新途径…………………160

参考文献………………………………………………………………188

第一章 绪 论

在文明的演化过程中,传统文化是反映特定民族或国家中的人们在社会生产、交往和生活实践中形成的思想文化、观念形态的总体表现。传统文化产生的精神图谱体现了一个民族对祖先历史的追溯,也是社会及国家的内在灵魂、道德根基。本章分为传统与传统文化、中国传统文化的发展历程、中国传统文化的传播价值三部分。

第一节 传统与传统文化

一、传统

(一)传统的概念

所谓传统,是指人类的生存行为经由历史凝聚、积淀传承下来的稳定的社会价值形态和文明形态,如伦理道德、价值观念、风俗习惯、艺术传统、行为规范等。

尽管对传统的解释众说纷纭,但其关键要素体现在三个方面,分别是历史积淀、稳定性、社会形态。也就是说,传统必须是在历史中形成的具有稳定性特点的社会文明形态,它是一个民族或地区的人们在长期的生存实践中,经过反复的选择、认同而形成的具有广泛社会基础的价值立场和行为范式。这也是传统与当代的最显著区别。

(二)传统与现代的关系

传统是人类社会的文化遗传,对社会的和谐与稳定具有强大的整合作用,对人们的价值取向、行为准则以及社会的发展具有引导功能。就一个民族而言，传统形成的社会认同性在民族社会中代代相传、时时相因，是这个民族潜移默化的深层意识形态，是影响其社会发展的巨大原动力。因此，继承、弘扬优秀文化传统是一个民族继往开来的必然选择。

我们也应看到，人类社会及人类自身的发展总是需要吐故纳新、兼收并蓄的。所以，对传统的继承与弘扬也应与时俱进，使其不断更新、完善，在现实社会中才能更好地发挥其价值。

二、传统文化

（一）传统文化相关概念内涵

1. 文化的内涵

文化的含义十分丰富，在不同的学术领域有不同的解释。"文化"这个词语在古汉语中不仅含有政治诉求，而且还带有道德层面的含义。

"文化"是现代汉语中的通用词，在"文化"的哲学中，任何超出人类本能、影响到自然与社会的各种行为状况和后果，都可以归入文化范畴。

从社会学视角看，一般来讲，"文化"单纯地表示个体的品德和修养。人类在多变的环境下通过不断试验与学习研究出的各种办法，在时间的检验下世代流传，并被赋予新的时代意义，这就是文化。

在考古学概念里，"文化"指同一历史时期、不以分布地点为转移的遗物、遗迹的总和。同一种文化的判断标准以使用同样的器具和同样的器具制造方式为依据，例如仰韶文化也叫彩陶文化，龙山文化也叫黑陶文化等。

在文学方面，英国学者泰勒（Tylor）在著作中这样写道，"从广义的民族角度看，文化是一种具有综合性的知识，包括民族信仰、文学艺术、道德、风俗等。"直至今日，这一概念仍对学界具有重大影响。从宏观上讲，文化是一种媒介；从微观上讲，文化是一个地域人民的生存形式。而在各个区域，由于人们生活方式的差异，文化的特征也不一样。

2. 传统文化的内涵

了解传统文化，首先要认识传统的内涵和本质，只有这样，才能更好地理解中国传统文化。

从语义学的角度分析，"传"为传递、传送、连续之意，由于古人在传递信息时疲于奔波、需要休养，所以沿途设立驿站作为中转，这种站站相接即为"传"。而"统"字意指丝绪的总束，由此才产生"万束皆有一统"的说法。那么，"传统"可以理解为被传递下去的初始性"源出"或"头绪"，在人类的实践活动和精神追求中，这种"源出"或"头绪"便是在文化发展中，能够自我创新、自我调整、自我完善的活的力量。

传统也属于历史的一部分，但历史并非一成不变，而传统作为历史的存在，如同一条滚滚向前、永不停息的河流。从本质上讲，传统是历史主体和客体的统一。

从主观维度看，人是文化创造与文化传承的主体。德国哲学家伊曼努尔·康德（Immanuel Kant）在论述知性所把握对象的规律时说："规律只有两种，或是自然规律，或是自由规律。关于自然规律的学问称为物理学，关于自由规律的学问称为伦理学。前者是自然学说，后者是道德学说。"文化创造和文化继承即在康德的"道德规律"范畴之内。

主体性因素、社会基础、自然环境三种要素的有机结合组成了创造文化。主体性因素是每个个体的人先天具备的需求结构、社会情感结构和文化精神结构，这也是人类创造性文明的原始性动力。社会基础是指人们的生产方式、交往方式、生活方式相结合形成的特定社会结构。自然环境是指一个民族在不同水土、地域、气候下生存的自然条件。

一个民族在三种要素的整合下，创造了属于自己本民族独特的文化。每个民族在文化表现形式上各有不同，但其内在精神结构都是由信、知、情、意四方面组成。所以，千百年来人的道德结构在本质上是相同的，但由于其内涵差异、各要素的组合顺序及发展逻辑上的不同，于是各个国家和各个民族的文化有了区别。

每一个民族在创造文化的同时也在进行着对以往文化的传承，每一次文化的创造都不是凭空而来，都是在对以往传统文化基础之上的创新。人不仅是文化创造的主体,还是文化传承的主体。历史不能重现,传统便是人类对历史认知和理解的结果,由于认知和理解不是一成不变的,所以传统的表达形式也不一样。例如,对同一段历史的描述存在诸多版本,这是因为对于历史的认知与观察角度存在差别,有时甚至截然相反。所以,传统与现实的发展相联系,后人对传统的认知和理解也是在现实的基础上不断地进行重建。

从客观方面看,传统既是对历史发展的延续,也是对过往历史事件存在的集合,不以人们的意志为转移,所以传统具有不可复制性。历史不能重演,历史事件的真相对后人来说永远没有确定性答案,只能是历史之谜,因为历史不可验证,人们只能通过历史文献文本、历史文物、考古发现等结合一定的想象力不断地探索和研究,去逐渐还原历史的本来面貌,还原传统文化的发展起源。历史并不是人们随心创造出来的,而是在既定的、对过去的继承条件下创造的。所以,历史的客观性就是无可选择性。

历史是主体和客体的统一。历史的真相永不可知,人类是在自身的意识中去构造历史,同时也在还原历史。人在创造当代历史的同时也在创造以往的历史,两种历史都是在同一创造活动中完成的,所以,历史是有机的活体,是主体的客体化和客体的主体化,是主体性建构和客体性建构的结合,是在历史认知中主体视自身为客体所做出的一种自我反思,其目的是更客观地认识历史和客观地认识自我,进而更有效地开展创造性的历史活动。

中国有上下五千年的历史文明,中华民族在此过程中积累与沉淀的精神财富与物质财富形成了灿烂的中国传统文化。中国传统文化博大精深,而且在时代的变化中不断地拓展延伸,既有深度又有广度。

概括地讲,"中国传统文化"是指中华民族共有的、以儒家思想文化为基线的、涵盖其他各种不同思想文化内容的有机构成体系。中国传统文化元素是中国传统文化的精髓,它绚丽繁多、包罗万象,共同组成了中国传统文化。中国传统文化元素牢牢刻在中国人民的心上,与我们的生活息息相关,反映着民族的生活方式与思维方式,影响着民族的不断发展,传达了民族的精神内涵。

传统文学元素:民族民间故事如田螺姑娘、白水素女等;神话故事如嫦娥奔月、后羿射日、夸父逐日等;寓言故事如龟兔赛跑、东郭先生与狼、守株待兔等;

唐诗宋词、民谣童谣、小说等。

传统民俗风俗元素：春节除旧布新、拜神祭祖；元宵节猜灯谜、吃元宵；端午节划龙舟、食粽子、挂艾草等。

民族音乐元素：民族器乐如笛子、古筝、箫、琵琶等民族乐器演奏的音乐；民间歌舞音乐；戏曲音乐如铜锣乐；民间器乐等。

传统造型元素：民间工艺如剪纸、皮影、木偶戏、折纸、年画等；传统绘画如工笔画、山水画等；传统服装如中山装、旗袍、汉服等；京剧脸谱的化妆方法等。

3. 中国优秀传统文化的内涵

传统文化是在历史的长期发展过程中没有消亡而得以存续发展的生活习俗、道德准则、行为习惯等，也包含前人留下的文化遗产。其为人们的生存发展赋予了某种意义上的活力和准则，由此也成为不同民族之间归属感和认同感的标识，如今越来越成为人们的一种内在的心理需求。传统文明源于原始时代，经过不断发展和进步流传至今，但是在继承的进程中，因评判的准则不断改变而产生了精华和糟粕。而中国优秀传统文化则属于广泛的传统文化中的精华部分，主要包括前人所总结出的生活经验、文学艺术中具有留存价值的内容。

在新时代背景下，我们不能只根据某一学派的著书立说而对传统文化加以弘扬和传承，也不能将传统文化中的内容全部保留，而是应该辩证地、扬弃地审视中国传统文化。故此，我们要用辩证的视角进行内容的选取，以事实为基础筛除糟粕、吸收精华加以继承。换言之，要剔除其中不利于人类文明演进、对社会发展缺失促进功能的腐朽陈旧的思想文化，充分提炼出积极的、对人类和社会发展有益的、蕴含着时代价值的内容。

优秀传统文化历久弥坚，经过不断创造、推陈出新，已经形成了比较稳定的文化形态，包括传统的建筑、习俗，还有思想、文艺等。传统建筑被称为"固态的艺术"，是集中体现中国优秀传统文化特色的重要符号特征，如普通民居、宗教建筑、桥梁等；传统习俗指从历史文化中不断传承下来的行为习惯、行为准则、风俗礼节等，具有社会性和民族性，是优秀传统文化的现代继承表现形式之一，如中秋节吃月饼、端午节吃粽子、春节尽享天伦之乐等；传统思想是在历史长河中一代又一代人经过总结和创造不断传承积淀下来的学术思想、理想信念、理论观点等的统称，如"和为贵"思想、"大同"的社会理想等；传统文艺包括戏曲、武术、音乐、散文等。

（二）中国传统文化的内容

1. 中国传统思想文化

（1）五行观念

五行观念在中国古代思想史中的重要地位不言自明，学界对其起源及内涵的研究可谓汗牛充栋，但是对五行之"行"的含义及其演化等问题关注不多。如，《墨子·经上》中记载："行，为也。"这里，"行"指的是道德意义上的行为，而非"五行"之"行"的本义。又如，有学者引《管子·五行》的"经纬星历，以视其离。通若道然后有行"以及汉代的天文历法文献，认为五行之"行"是指五星之"运行"。但考诸上下文，《管子·五行》中"通若道然"指的是阴阳二气，"行"为阴阳二气通畅运行，而非指五行，并且对于这种五行源于五星的观点，学界一直颇多质疑。五行源于五星，不能说明五行之"行"的含义最初便是如此。

对于战国思孟学派所使用的"五行"概念，中国当代著名历史学家庞朴、当代著名哲学家陈来等都分析了思孟五行的道德性内涵，但没有将其与整个五行之"行"含义的演变过程联系起来。五行是中国古代宇宙论与道德哲学中的重要范畴，而五行之"行"的含义则是五行观念的根本，反映了五行说以及使用五行观念的宇宙论、道德哲学的内涵，研究"行"的含义及其演化对于揭示五行说本身以及古代道德哲学的发展都具有重大意义。

先秦两汉是五行说发展成型的重要阶段，不仅战国稷下学者将五行引入月令、民间数术家使用五行数术、秦汉方士传播稷下学者邹衍的五德终始说，以董仲舒为代表的汉儒（不论是今文经学还是古文经学）更是将整个儒家道德体系建立在阴阳五行宇宙论基础上，后世如隋之《五行大义》、宋明理学无不沿袭了董仲舒以五行解释伦理道德的学说。因而，对五行之"行"的考察不可避免地集中于先秦与汉代，尤其是其道德哲学中。

（2）汉字文化

汉字作为一种文明符号，最初来自画作。人们通过图画来进行沟通，这些图画在后期逐步演化，演变成文字。甲骨文被广泛认为是汉字的第一种形式，后来在文明发展的过程中，文字随着文明的进步不断进行演变。

汉字是世界上最古老的文字之一，也是我国文明的见证者，汉字的出现使得很多历史事件被记录下来，可帮助我们了解中国历史。当前，汉字发展史上所出现的主流字体有甲骨文、金文、小篆、隶书、楷书、行书。

汉字是中国人心里的一个精神家园，无论走到哪里，只要遇见汉字，中华儿女就会充满熟悉感和自豪感。汉字本身也具有很明显的特征，形象、声音以及词义都是文字创作者的重要参考因素，因而汉字的文化底蕴是非常深厚的，这也使得汉字在历史传统文化中更加富有独特的魅力。书法艺术的发展也在很大程度上推动了汉字的传承和发展，书法艺术也成为汉字的一种表达形式，在历史传承中遗留下来诸如《兰亭集序》等多个艺术作品。

相较于其他文字，汉字的辨识度是非常高的，方块文字在很大程度上提高了阅读效率，也使得汉字成为文化表达的重要形式，而其他形式更多是作为辅助，例如，拼音文字就是作为汉字的辅助出现的。汉字非常重要的一个特征就是它的形象和直观达意。与其他文字不同，汉字的字形和字义的联系是非常密切的，因而其内容表达也更加直观，表达的意思也更加贴切。目前，汉字在国际上的影响力越来越大，越来越多的人通过汉字学习、了解中国传统文化，成为"中国迷"。汉字也成为中国文化的代表符号，为我国文化的输出提供了有力支持。

①汉字的起源。汉字作为历史上最早出现的文字之一，其历史极其悠久。关于汉字的起源，郭沫若认为："无论何种文字，都不是仅凭一人之力就能创造出来的，也并非某个特定时代的产物，而是随着人类社会、文化等的需求和发展而不断被创造，不断更迭、演变而来。"汉字同样如此，关于汉字的起源，包括了"仓颉造字说""结绳记事说""图书说"等。

关于仓颉造字说，东汉时期著名的经学家、文字学家许慎在其著作中说："仓颉之初作书也，盖依类象形，故谓之文。"即黄帝的史官仓颉，通过观察鸟兽的足迹并从中受到启发，于是创造了文字。仓颉造字说作为中国古代神话传说，极具神话色彩。随着社会生产的发展，人们的思维方式也发生了变化，对于借物记载已发生或即将发生的事情的需求也逐渐产生，于是就有了"神农氏结绳为治而统其事"的说法。《易·系辞下》中也有这样的记录："上古结绳而治，后世圣人易之以书契。"也就是说，在文字被发明以前，如果发生重大事件，人们便在绳子上打结，以达到记录事件的目的。东汉郑玄在《周易注》中道："结绳为记，事大，大结其绳，事小，小结其绳。"这些绳结大小不一，依据事件重要程度，大事的绳结偏大，小事的绳结较小，但此种方式存在只能记录事件数量但不能记录事件内容的缺陷，故结绳记事的适用性也逐渐降低。于是，作为汉字雏形的"图画文字"随之出现。图画文字最突出的特征是形象直观，是由纪实图画不断演变而来的，同时这些图画还具备社会契约性质，因为人们在沟通交流时，会根据现实需要赋予图画对应的文字意义。现在我们也能从一些出土的文物中找到图画文字的痕迹。

综上，我们可以清楚地了解到，汉字的起源与产生既不是出自一人之手，也不是某个特定时代的产物，它离不开人们社会生活的需要，是为了方便人们沟通交流而逐渐演化而来的。

②汉字形体的演变历程。如今，随考古材料的增加和人们研究的深入，汉字在不同时期的发展历程与面貌越来越清晰，学者们也认识到汉字的构形并非一成不变的，而是处在一种动态的变化之中，并且受到一定规则的制约。汉字演进变化的过程大致可以分为诞生、隶化、楷化三个阶段，若再要细分，则可分为甲骨、金、篆、隶、楷五个时期。

"甲骨文"作为中国最为古老的文字，又被称作"甲骨卜辞""契文""龟甲兽骨文"等。若按字面意思理解，"甲"即龟甲，而"骨"代表兽骨。我们如今见到的甲骨文是殷商后期皇室篆刻在龟甲或兽骨上的文字，主要用于占卜记事。甲骨文呈现出极其明显的图画文字形态，因而具有形象性。但龟甲兽骨因其材质坚硬而难以刻画书写，因此，大部分笔画都以直线为主。殷商后期，冶铜业不断发展，当时的人们视青铜为金，因此，在铜制器具上所刻的文字也叫金文。相较甲骨文而言，金文的发展主要表现在其书写用具上，其笔画圆润、字形丰满，有一定艺术欣赏价值。金文之后，便是篆书，篆书有大篆、小篆之分，大篆因其有笔画繁杂、不便书写的局限性，小篆应运而生。篆书较之前两者，文字在图画表意方面弱化了，其匀称的线条为汉字奠定了构形基础。后来，人们为了书写更加方便，汉字发生了"隶变"，即隶书出现。隶书的特点是规整，一撇一捺更加明确具体，也越来越接近楷书。楷书讲求横平竖直，体现了我国"中正"的思想观念，于此，中国汉字就基本定型了。

③汉字的造字法。汉字不是由特定的人和时代创造的，它的产生与人类的社会生活紧密相关，是古代劳动人民社会生产生活、沟通交流需要的产物。但他们是如何创造出汉字的呢？许慎提出的"六书"，即涵盖了象形、指事、会意、形声、转注、假借在内的六种造字法或许能够给我们答案，这为我们探究汉字的造字之法提供了一点启示。

汉字具有稳固而灵活的基本架构，这是汉字得以保留其意象特征并不断传承的一个重要因素。象形是基础，人们先观察事物的外形轮廓，再借助图画将事物的外形和特征展现出来。即借用真实形象的图画来构字，这种造字方法较为原始。北京师范大学教授王宁曾在其著作中提道："象形字的造字依据是具体事物，它借助形象勾勒出该事物的主要特点。"在象形文字中，与图画类似的，被叫作全画物形，例如"山、鱼、目、日"等，还有一些是突出事物某一方面的特征，因而用局部来表示整体，如"牛、羊"等汉字。

综上，象形字以形表意，但又不具备表音的功能，所以为表示某些较为抽象的概念，指事造字法又被创造出来。比起象形字，指事字的构形更复杂，其语义表达主要分为两种，一种为纯粹的指事性符号，另一种是象形与指事性符号相结合。纯指事符号就像"一、二、三、凵"等，大部分的指事字都是先以象形为基础，再经过增添或减少笔画符号构成，但不论是象形还是指事，皆停留在以形表意的层面，因此存在局限性，所以会意字出现了。会意字的构成依据，是借助两个或两个以上的形象或符号来共同表达某种特定的语义。具体来说，就是把有单独意义的两个或两个以上的独体字相结合，构成一个具有新的意义的合体字。例如，"明"是由"日"和"月"两个形象组成的，双"木"为"林"等。而形声字则是在前三种造字法的基础上被创造出来的，其主要特征就是形旁表意、声旁表音，因而有规律可循。例如，"请、清、情、晴"这四个字，"青"为声旁，表音，它们左边的偏旁为形旁，表字的意义。形声字的出现在汉字发展史上有里程碑式的意义，因为形声字是音义结合体，它加深了汉字和汉语之间的联系。而假借和转注其实不属于造字的方法，而是用字的方法，有旧字新用的意思，这里就不再赘述。汉字的产生凝结了造字者的智慧，从许慎的"六书说"中，我们也能洞察先贤们的思想观念与思维方式，这是极为珍贵的精神财富。

④汉字的文化特性。作为中华五千年文明的见证者，汉字不仅是记录汉语的符号体系，还具备其独特的文化内涵。它是中国传统文化的重要组成部分，也是古代劳动人民智慧的体现。汉字自身所具有的审美、跨时空以及意向共生等文化特性，使它在识字教学中有着独特的意义。汉字特殊的结构特征使之成为一种审美型的文字，具有美学价值。其审美性主要表现在三个方面，即文化美、平衡美、秩序美。

汉字的文化美是指其具备民族性，汉字作为传承中华民族历史文化的载体，体现了造字者智慧的凝结。复旦大学中文系教授申小龙曾在其著作中提道："在每一个古汉字的音形义中，都能解读出一部分文化史。"秦始皇统一六国后，推行"书同文"，即统一文字的政策，这一举措使中华民族的文化内核逐渐凝练。无论是西周的编年史，还是清代的《四库全书》，汉字作为记载与传承历史文化的媒介，使中国文化始终保持着其民族特性。与此同时，汉字还包含了民族文化的精神追求和美学意蕴，它是中国风俗习惯、组织结构等制度文化的体现，就像汉字横平竖直、平衡对称的构形特点，恰到好处地反映了中国儒家的中庸之道以及哲学上对立统一的思想，是中华民族精神与风骨的完美呈现。

而汉字的平衡之美，则表现在汉字构形、笔画等的和谐平衡上。第一，汉字由众多笔画组成，且它们基本上都是对立统一的，例如，横对竖，撇对捺，所以这些笔画能够使汉字在视觉上保持一定的平衡。就像"大"字，它的一撇一捺在"一"这个框架中形成了对立统一，呈现出中正之感。第二，汉字的结构是平衡的，无论是上下结构还是左右结构，都呈现出一种相对平衡的状态。且为了整个字的和谐美观，汉字各部分在大小、比例方面是可以变换的，例如，"梓"字是左右结构，作为偏旁的木就较窄，但是"休"字中的木作为部件就变得宽一些，这样的比例就实现了相互映衬的平衡。

最后，汉字的秩序性则体现在其形态、构形上的严谨规范。汉字又被叫作"方块字"，规整的方块结构以及方正笔直的构形是汉字最为突出的特点。

除此之外，汉字还讲求部首各在其位，笔顺按部就班，笔画横平竖直，凸显出一种秩序美。例如，"呆"字和"杏"字，因各部首所处位置不同，形成的汉字也不同。由此可见，汉字即便处在千变万化之中，其结构也依旧保持着严谨规整。

综上，汉字具有特殊的审美特性和重要的文化研究意义。

除此以外，汉字还具有跨时空性，从商周的甲骨文到秦朝的大小篆，再到让中国汉字基本定型的楷书，汉字历经千年历史的浸润，跨越时空而来。汉字根生中国大地，又在整个世界范围内传扬。汉字的跨时空性，进一步反映出汉字的生命韧性，随着时间的推移，其文化内涵将愈加深厚。

一方面，汉字的跨时空性赋予了其深厚的文化内涵。例如，甲骨文的"王"和金文的"王"，这两者除了表达王字的本义以外，其形如斧头的结构特征也表明古人以武力统一天下。再到后来，"王"字又演化为三横一竖的形态，而关于"王"字的三横，人们认为分别代表着天、地、人，而这一竖，则代表通天地人之道，也就是说能被称为王的，一定是精通天地人之道的人。因此，"王"字在跨时空发展的过程中，也被人们赋予了新的文化意义。

另一方面，汉字在跨越时空的同时还肩负着传承的重任，比如一些象形字，如"鱼""目""山"等，虽然历经千年的演变，但是依旧保留了原本的形态特征。现在的人见到仍然能够读懂，也正是有了汉字这个传播媒介，许多经典古籍，例如，《论语》《诗经》中的智慧与哲学等才能延续至今并为人们所用。

汉字的跨时空特性还促进了人们的沟通交流。它超越了空间、时间甚至是方言的阻碍为各民族所用，在推动民族团结统一、发展民族文化等方面发挥了至关重要的作用，从而再次凸显了汉字的民族性。

汉字作为一种表意性文字，历经千年发展却仍在使用，其遵循象形表意的基本原则创造新字，兼具表意和象形的双重特点，体现出明显的意象共生性，这也是汉字与其他文字最大的不同。汉字的意象共生性即汉字直观的构形和汉字表意的特征相结合。

（3）工匠精神

从民间流传下来的"工匠精神"已有千百年历史，提起工匠精神，我们就会联想起工匠作坊中精进专注的匠士。

①尊师重道。在封建社会，对技艺的学习一般是师承家传。所谓尊师重道，就是对"授业"的人，即传授知识或技艺的人，从心底敬佩和尊敬，随分从时，并且尊重和遵守需要遵循的道德规范。古代传授技艺的老师对"德"的重视远远高于"技艺"，由于是学徒制，传授技艺的师父对学生的教育涵盖了学业、事业与生活。他们注重思想品德的教育，在生活中时时注意对徒弟的心理素质进行磨炼。虽然看起来思想品德的修养与工匠所从事的技术劳动并不相关，但在实质上，其理念是相通的。

做好一项工作需要准备好工具并筹划安排好，思想品德方面也是一样。"工以利器为助，人以贤友为助"，有好的德行，自然可以选择品德高尚的人作为朋友，这样在事业上能达到事半功倍的效果。对学徒品行的修炼，如同工匠磨好工具。传统学徒制度下，学徒往往在经历了多方面言传身教和考验后才得以接触工作，在向师父学习技艺的过程中，需要对技艺持有最大的尊重，并尽自身最大努力去接受传承，无论师父教学进程快慢、传授多少，都不能够心浮气躁，需要对师父始终保持尊重的心态，虚心按师父的规则接受教育，这就是"尊师重道"的传统工匠文化特质。

②精进专注。古代工匠多数以手工业为生，他们所从事的工作是获得社会积极认可的，工匠们之所以对工作持以极其热爱甚至是奉献牺牲精神，是因为他们的学艺之路艰辛，能接触并学习到行业最高级的技术方法已是不易，要想掌握精髓并将技艺修炼纯熟更是难上加难。传统工匠是靠日复一日的试错、持之以恒的热情、精益求精的态度，以及付出艰辛的努力才走上工作岗位的。

传统工匠不仅将所从事的技艺劳动作为谋生手段，而且倾尽全力用心琢磨。对他们来说，其作品除了可以赚取实际利益之外，还可以带来精神层面的富足。因此，古代工匠一般具有精进专注的品质，精进专注也是传统工匠文化的主要表现形式之一。手工制作是需要时间的，与现在的流水线相反，工匠手作是主体的能动产物，也是时间的能动产物。手工制作反映了社会对人的依赖性，工匠们日复一日、精益求精地打磨试错，如果其中一个环节出错，他们往往会从头再来。在他们眼里，任何一个微小的细节都影响着整个作品，为了确保没有瑕疵，往往不会在乎时间和收益是否成比例。

（4）圣贤思想

圣贤思想是中国古代社会的政治伦理思想，其内容包括父子、兄弟、君臣等基本社会群体的行为规范、社会组织以及个人的行为规范和较为普遍的人际关系准则。君义，臣行，父慈，子孝，兄爱，弟敬，是君臣、父子、兄弟等社会群体最基本的行为规范。君义反映的是君主必须遵守的一系列道德规范，国君是榜样，所谓"君，将纳民于轨物者也。……不轨不物，谓之乱政"，国君的一切行动都必须是有充分理由的。所谓"天子非展义不巡守，诸侯非民事不举，卿非君命不越竟""凡物不足以讲大事，其材不足以备器用，则君不举焉"，诸侯离境外出也必须有足够的理由，例如，朝聘天子、会盟、率军出征等。在我国古代，祀与戎是国家的头等大事，各国会定时举行田猎活动，但这些活动必须在农闲时进行，所谓"春蒐、夏苗、秋狝、冬狩，皆于农隙以讲事也"。大兴土木的时间也应在农事结束以后进行，而且冬至以后不再施工。国君还应该提倡节俭的美德。

这些都体现了中国古代社会以民为本、以农为本的思想，也反映出国君的行为规范是以民事的需要为依据，以便民、利民为目的。

2. 中国传统物质文化

（1）饮食文化

中华文明有着几千年的历史，在辽阔的土地上，无数的劳动人民通过艰苦的劳动，孕育出了具有东方文化特征的中华文化。中华文化对周围的各国、区域甚至是世界产生了深远的影响。

其中，中国饮食文化对历史发展趋势的影响较小，但它所具有的"涓涓细流"的文化特色，在我们的文明中占据着举足轻重的地位。

《诗经》中的美酒佳肴、《红楼梦》中对饮食的描述、苏轼在创作中追求的完美烹饪技巧，都表现出了中华食物独特的魅力和饮食文化的重要性。

（2）服饰文化

中国传统服饰积淀着中华民族优秀传统文化的基因，是中华民族的宝贵财富，是民族文化的载体。《春秋左传·正义》中有言："中国有礼仪之大，故称夏；有服章之美，谓之华。"这说明华夏的名字与服饰也有着密切联系。

自古以来，中国就有"衣冠王国"的美称，中国服饰史从胡服骑射到满族旗袍，不同时期的服饰共同构成了中国传统服饰的宝库，反映了当时社会经济发展的现状和人们的思想状况，展示着东方文化的魅力。

在北京冬奥会开幕式上，中国旗手身着红色礼服入场，"瑞雪祥云""糖花飞雪"都在展示着中国式的浪漫，把中国服饰文化与奥林匹克精神结合在了一起。在重要场合穿着中国传统服饰不仅可以向世界展示中国的形象，也可以向世界展示中华文化的魅力。

（3）建筑文化

第一，中国传统建筑的意义。中国传统建筑的发展历史悠久，光彩夺目，独具特色，形成了由屋顶、屋脊和台基三个部分构成的单体造型。

中国传统建筑按形式可分为城墙、宫殿、礼制建筑、园林、民居、陵墓、庙宇、道观等多个类别，充分反映了我国传统文化、民族色彩和地域特征。纵观中国的建筑发展史，它所承载的是民族文化特有的美学精神与哲学意蕴。

第二，中国传统建筑文化的理念。中国传统建筑文化突出表现了"天人合一""情景交融"的理念和以"间"作为单一建筑进行建筑组合布局的营造方式，崇尚"和谐"理念。中国传统建筑文化"和谐"营造理念与中国特色社会主义核心价值观中的"和谐"价值目标是相吻合的，学校教师要挖掘课程思政深度，将"和谐"元素融入教学中，使建筑设计项目课程思政教学有机、自然、生动，情景交融，帮助学生建立对中国传统建筑文化的自信。

①天人合一。中国传统建筑文化提倡"天人合一"的思想，推崇人类是自然界的有机组成部分，主张人类应顺应自然，与自然和谐相处的理念。在中国传统建筑文化"天人合一"思想的影响下，中国历代建筑工匠延续中国传统建筑文化，把建筑作为自然界的有机组成部分，注重建筑与周围环境相协调、与自然意境相融合。中国传统建筑文化的"天人合一"思想倡导的正是建筑与自然、人与社会"和谐"的理念，这与中国特色社会主义核心价值观的内涵相吻合。"和谐"应是建筑设计项目课程思政的主要元素，应广泛融入课程思政教学中。

②情景交融。中国传统建筑把情景交融作为建筑艺术追求的最高境界。中国传统建筑的外部空间营造尊重自然，追求建筑与自然和谐统一，使建筑成为自然中的景物；人生活在建筑中，处于自然界中，成为自然中的一部分。

"由景生情、情景交融"正是中国传统建筑审美风格与意境的追求。基于"和谐"理念，实现建筑与环境的"情景交融"。

③"间"的组合。中国传统建筑充分体现了建筑"间"的营造方式组合布局，在建筑平面设计中以"间"为建筑组合中的基本单位，以单体建筑组成院落，再以院落组成群体建筑。各单体建筑、院落建筑、群体建筑，生活着不同的人，他们彼此分离又彼此相连，和谐共处。

"间"的建筑组合布局方式，体现着中国传统建筑文化"和谐"的理念。应将"和谐"元素融入建筑设计项目课程，弘扬中国传统建筑文化。

3. 中国传统节日文化

（1）中国传统节日文化内涵

中国传统节日文化是我国先民在几千年的农业生产中，根据认识、总结的农业生产规律，将其运用于农业生产实践中，从而产生的具有鲜明特色的节日文化。

中国传统节日与我国农业生产密切相关。由于农业生产具有周期性、节气性、稳定性、地域性等鲜明特征，寄托着古代先民最淳朴的丰收愿望以及对自然敬畏而产生的神明崇拜，因此中国传统节日往往都在特定的节点。每到节日，先民会进行祈祷仪式，这种仪式被固定下来，成为人们在社会生活交往中不断传承的社会风俗，并伴随社会发展以及地域分工不同，衍生出更加丰富的节日仪式。除此之外，很多中国传统节日包含着中国自古以来对君子品质的追求，包含着对爱国主义、坚强不屈、高尚气节的赞扬。例如，端午节就是为了追念屈原而设立的，因此端午节成为中国人民表达爱国情感的重要方式。除此之外，很多中国传统节日也包含着中国人民对伦理亲情的重视以及对血缘纽带的依赖。例如，中秋节的设立就为人们阖家团圆提供了契机，有利于充分发挥血缘纽带在维护家族亲情中的重要作用。

（2）中国传统节日文化的时代价值

①有利于推动社会主义核心价值观的培育和践行。我国传统节日体系在先秦

时期就已经大致形成，最终于中国封建社会的鼎盛时期——隋唐时期走向成熟。在漫长的发展过程中，传统节日对提升人们的精神世界、促进人们形成正确的价值理念、陶冶人们的情操具有重要作用。

传统节日是中国传统美德的重要载体，展现出中国传统文化的深刻内涵，其中包含深厚的爱国主义情怀、尊人爱己的品德以及天人合一的理念。

爱国主义是一种思想境界，是中国自古以来文人志士所广泛追求的，是中国优秀传统文化价值体系的精髓，是中华民族的独特基因。在中国传统节日中，对屈原的推崇就是爱国主义情怀在人们内心生根发芽的重要体现。

中国传统文化中提倡的尊老爱幼以及相敬如宾被民众普遍接受和认同，中华民族是重视伦理以及家庭的民族，传统节日中诸多习俗也深刻反映出这一点。清明祭祖扫墓表达了人们对亡者的追思，七夕则寄托了人们希望与爱人相守到老、追求琴瑟和鸣的美好愿望。

同时，中国自古以来重视人与自然、社会的和谐，强调达到天人合一的境界，而一些传统节日节点就是人们表达对自然的敬畏、祈求风调雨顺的重要方式。

社会主义核心价值观是中国独具特色的价值观，对人们行为规范的养成具有独特意义，是中国人民的精神追求。中国传统节日中所承载的深刻内涵很多与社会主义核心价值观具有一致性，社会主义核心价值观中的各个层面都是现代社会对其深刻内涵的现代化表达与诠释。运用传统文化资源能够有效指导和实现社会主义核心价值观的认同和践行，使人们在过传统节日时接受传统文化潜移默化的影响。

②有利于增强民族凝聚力和民族认同感。民族凝聚力是一个民族中人们紧紧团结在一起的内在吸引力，是一个民族的内部黏合剂。中国传统节日包含了十分丰富的民族情感内容，例如寻根心理、思念家乡、热爱祖国等，这是流淌在中华儿女血液中不可改变的基因，能够唤起中华各族儿女对于中国灿烂文化和民族精神的认同，促进中华民族内部实现整合凝聚。以中秋节为例，关于中秋节由来最广泛的说法是嫦娥奔月传说，但是人们并没有局限于传说内容，而把中秋节和月圆相联系，赋予其团圆寓意，并把吃月饼作为中秋节的重要习俗。除此之外，中秋节期间，人们借助节日契机，联系亲朋好友，互相馈赠礼品，强化血缘纽带。

中国独具特色的节日习俗是维系社会团结、维护社会稳定、实现国家长治久安的重要方式之一。因此，传统节日对于我们文化身份的认同以及民族凝聚力的增强具有重要作用。

③有利于传承和发展传统文化。中国优秀传统文化是中国传统文化中优秀文化基因和文化精华，是经过几千年传承，不断兼收并蓄、继承创新，在中华民族发展中由亿万劳动人民共同创造的精神文化成果，是中华民族思维方式、价值取向、伦理道德以及风俗习惯的集合体。中国传统节日是中国优秀传统文化极为重要的组成部分，是中国传统风俗等的具体化表现，继承和发展中国传统文化离不开对中国传统节日的传承。中国传统节日是中国传统文化的重要载体，传达着中国人民独有的生活方式与风俗习惯，体现着一个民族特有的思维方式、思想观念。同时，传统节日具有极强的传承功能，节日中传统习俗的传承并不是简单地举行程式化仪式，而是在仪式过程中感受先人注入其中的情感和精神，领悟中国传统文化精髓。因此，加强对中国传统节日的重视、传承其中蕴含深厚意义的仪式对民众了解中国传统文化内涵，以及继承和发展中国优秀传统文化具有重要意义和价值。

④有利于维系社会稳定。当今世界正处于信息革命的变革之中，具有强大生命力的中国处于信息革命浪潮之中，生产力发展水平以及人民物质生活水平都得到很大提升。但是，我国在物质生活水平提高的同时也出现了一些问题，现代化使得人们之间的沟通交流机会减少，出现了通信技术不断提升而人们在社会生活中孤独感反而不断增加的奇怪现象。因此，当今社会人们也越来越注重对精神层面的追求，更加注重对亲情、友情、爱情等的维系。中国传统文化之中包含着对和睦的家庭伦理道德、和谐社会人伦关系的追求，注重家庭和睦、邻里和谐以及社会的长治久安，强调"和"的思想。中国传统节日处于庞大的中国传统文化体系之中，在家人朋友之间的情感联结、心灵慰藉、化解矛盾等方面发挥着非常重要的作用。注重人情味是中国传统节日的一大特点，在传统节日到来之际，人们之间相互来往、互赠礼品以及互相诉说生活琐碎与情感感悟，在这种浓厚的节日氛围之中，人们也会不自觉放下往日的包袱，使人心靠得更近。中国传统节日也会推动社会组织发挥其在社会中的重要作用。社会组织会根据其自身性质和宗旨，

针对其所服务的相关人群提供相关节日福利。以重阳节为例，重阳节的主题为尊重老人，一些服务老年人的社会组织会在重阳节举办相关尊老敬老活动，给社区老年人送温暖、送福利，以及举办相关晚会等。社会组织举办的这些活动在缓解老年人精神孤寂、缓解社会中养老矛盾以及增强新一代责任感等方面发挥着重要作用。

4. 中国传统艺术文化

（1）中国传统音乐文化

杜亚雄、王耀华等音乐家认为中国传统音乐是中国人民利用自己的固有方式，采用自己的固有形式创造出来的。中国传统音乐既包括历史上流传下来的古代作品，也包括中国人民以民族固有形式创作的当代音乐。

在"中国人民""固有形式""古代""当代"等词汇中，可以看到，在概念上，"中国传统音乐"并没有明显的时代限定，反而更加注重中国人所创造的中国音乐风格。目前，中国音乐学界把中国音乐分成了四种类型：宫廷音乐、民间音乐、文人音乐和宗教音乐。民间音乐又可以划分为民间歌曲、民间器乐、民间歌舞、民间说唱、民间戏曲和综合音乐六大类型。

（2）中国传统绘画文化

中国传统绘画文化可以追溯到新石器时代，距今至少有七千余年的历史。最初的中国绘画是画在陶器、地面和岩壁上的，后来逐渐发展到画在墙壁、绢和纸上。

从作画工具的演变中可以看出中华文明的不断推进以及中国社会的不断进步。

从新石器时代的彩陶纹饰和岩画到魏晋南北朝的佛教画及人物画，绘画由最开始的用于生活装饰发展成人们表达情感与精神的一种工具。

及至隋唐、两宋、元明清，绘画技法的不断精进以及表达内容的改变彰显出了文人士大夫通过绘画表达主观情绪，不趋附大众审美要求。

工具、内容、技法的演变，让绘画更从容和便捷地反映着社会文化的发展。极具代表性的《清明上河图》，作为中国绘画史上的瑰宝，就主要描绘了北宋都城东京市民的生活状态和汴河上店铺林立、市民熙来攘往的热闹场面，反映出宋朝的繁荣昌盛。进入近代以来，抽象主义的传入以及中西绘画结合形成新的画派，从侧面表现出中国在思想上摆脱封建束缚的翻天覆地的变化，"人文精神"得到极大的发展，社会精神面貌焕然一新。由此可见，中国传统绘画文化植根于中华民族文化的土壤中，始终与中国的社会文化密切相关。

（3）中国传统书法文化

①书法中的自然理念精神。中国文字的产生与大自然有着深厚的渊源。据传，古代仓颉造字就是从大自然的现象得到启发："视鸟迹之文造书契。"书法艺术离不开汉字。作为书法艺术，汉字不单单只是一种自然的形体、形象，而是升华到"意"的艺术精神高度。书法艺术中包含着众多有关大自然的物象。

对此，历代书法家都有论述，例如，蔡邕《九势》提出的"夫书肇于自然"表示书法来源于大自然；其在《笔论》中认为书法创作要体现自然的事物："为书之体……若虫食木叶，若利剑长戈，若强弓硬矢，若水火，若云雾，若日月，纵横有可象者，方得谓之书矣。"梁武帝对王羲之书法的评价："如龙跳天门，虎卧凤阁。"孙过庭的《书谱》提道："鸿飞兽骇之姿，鸾舞蛇惊之态，绝岸颓峰之势……同自然之妙有，非力运之能成。"虫食木叶、利剑长戈、水火、云雾、日月、龙虎等都是大自然中的事物。又如，苏轼和黄庭坚互相评价对方书法的时候，苏轼将黄庭坚的字比喻为"树梢挂蛇"，黄庭坚将苏轼的书法比喻为"石压蛤蟆"。这虽是两人互相对对方书法的一种调侃，但从"树梢挂蛇""石压蛤蟆"可以看出两位书法家将书法和自然事物结合起来进行论述。书法家的书法艺术创作受到自然的启发。《兰亭集序》就是在一种"天朗气清、惠风和畅"的优美环境中创作出来的，对中国后世书法影响巨大。黄庭坚在书法上取得巨大的成就，也是从大自然中得到启发，其曾在舟中观察"长年荡桨，群丁拨棹"；在《论书》中说道："余寓居开元寺之怡偲堂，坐见江山，每于此中作草，似得江山之助。"由此可见，书法艺术与自然的关系非同寻常，书法家无一不将自然与书法艺术联系阐述，并表示书法从自然而来，又要具备自然的形态与奥妙，这样的书法艺术才具有较高的艺术造诣。我国的大好河山、优美的自然景观具有激发书法家艺术创作欲望的作用。他们在亲近自然、感悟自然中达到人与自然和谐统一的状态，使书法艺术绽放出绚丽的光彩。

②书法中的哲学思想。《易传》记载："一阴一阳之谓道，继之者善也，成之者性也。""阴阳观"既是中国传统文化，也属于中国传统哲学范畴。我国众多领域都可以用"阴"和"阳"去阐释，"阴阳观"对书法也产生了巨大影响，对书法艺术的审美起到了奠基的作用。对于书法中有关"阴阳"的论述比比皆是，例如，蔡邕的《九势》提道："夫书肇于自然，自然既立，阴阳生焉，阴阳既生，形势出矣。"书圣王羲之云："阳气明则华壁立，阴气太则风神生。"孙过庭的《书谱》云："阳舒阴惨，本乎天地之心。"我们常常从书法上点画的粗细、长短、曲直、轻重，字形的大小、倚侧、收放，章法的虚实、疏密，墨色的浓淡、枯湿，书写节奏的快慢等角度分析书法中的"阴阳"关系，将这些具有对立关系的元素列为"阴"和"阳"的概念。例如，"粗"为"阳"，"细"为"阴"；"放"为"阳"，"收"为"阴"；"实"为"阳"，"虚"为"阴"等。从这样的对比关系，分析书法特色以及进行书法创作。例如，《兰亭集序》《祭侄文稿》《黄州寒食帖》前面三列的距离较为远疏，后面较为紧凑。又如，杨凝式《卢鸿草堂十志图跋》右上部分墨色浓润，左下部分墨色枯淡。当然，我们说的这些阴阳对比并不是简单的、生硬的分割，而是你中有我、我中有你的共生关系，阴阳相互交织融汇。就是说，书法艺术中的粗细、长短、浓淡、方圆、刚柔、肥瘦、奇正等对立的关系是相互渗透的，应做到均衡合适，不可偏执一方，要达到和谐得体，符合"中和美"的传统美学思想。对此，刘熙载认为书法要"阴阳"兼备："书要兼备阴阳二气……阴阳刚柔不可偏颇。"明代项穆在《书法雅言·中和》云："圆而且方，方而复圆，正能含奇，奇不失正……不知正奇参用，斯可与权。权之谓者，称物平施，即中和也。"可见，"阴阳"哲学思想在书法中的运用具有广泛性与较高的层次。

③书法中的人格修养。自古以来对书法的论述都会将书品和人品结合起来。"古代书论重视政治品节与道德修养，注重人格的自我完善，是中华民族价值观的一个突出表现，也是中国书法的优良传统之一。"可见，书法艺术不仅仅表现在书写技巧上，也体现了书法家的情感以及人格精神，形成了一种注重人格品行和学问修养的艺术观。离开文化精神和人格魅力，任何书法家是不会彪炳于书法史和文化史的。古往今来的书法大家无一不是重名节、亲学问、工诗词、善文章的"第一流人物"。例如，对颜真卿书法的评价，宋代朱长文的《续书断》说："其

发于笔翰，则刚毅雄特，体严法备，如忠臣义士，正色立朝。"又如，颜真卿楷书中的"食""送""述"等字，上一笔的"捺"都用"反捺"或者"点"代替，最后的"捺"舒展，体现了收放关系，主次有别，燕不双飞，这样的书写处理方式，体现了中国人的一种谦虚避让的态度。柳公权曾说"心正则笔正，笔正乃可法矣"，表示书法创作要心正。再看看岳飞的《前出师表》、文天祥的草书《谢昌元座右自警辞》、林则徐的《正气歌》等书法作品，他们的书法中透露出一种民族气节，以及一身正气、心怀国家的人格精神，彰显出浩然正气、铮铮铁骨的文人气息。相反，像蔡京、秦桧的书法，则是被人憎恶的，原因就在于他们的人品违背了中国的人格修养要求。书法所提倡高尚的人格修养，对当代书法发展仍然有积极的意义，要继承与发扬中国书法艺术的文化内涵，需要书法家具有高尚的品德精神、崇高的责任感。

（4）中国传统戏曲文化

"戏曲"这个名词可以说是家喻户晓，但是如果要弄明白"戏曲"到底是什么，就必须把"戏"和"曲"分开来。《现代汉语词典》对戏曲一词的解释是："我国传统的戏剧形式，包括昆曲、京剧和各种地方戏，以歌唱、舞蹈为主要表演手段。"根据以上概念，我们可以看到，戏曲和戏剧都是通过演员的表演来展现历史和社会生活中的各种矛盾和冲突。然而，戏曲是以文学为主要内容的，它是通过"说"和"做"来进行叙述的；而戏剧则是以"唱、念、做、打"的形式表现出来的。而且，从类别上看，戏剧可以包含戏曲，而戏曲又带有戏剧性质。传统戏剧是我国民族艺术中最具有代表性和特点的一种。在中国古代文献中，对戏曲这个概念的记载与戏剧基本一致。

"戏曲"一词最早出自宋代诗人刘埙，他在《词人吴用章传》中曾提出"永嘉戏曲"，即后世所称"南戏""戏文""永嘉杂剧"。元朝夏庭芝在《青楼集》中也提道："戏子之令，不逊于二人，而能杂剧，尤以其人。"此处所说的杂剧，即为元杂剧。元陶宗仪在《南村辍耕录》中也有提及"唐有传奇，宋有戏曲、唱浑、词论"，而此处的戏曲是指宋杂剧。自现代以来，戏曲一直被视为中国传统戏曲的总称，涵盖了宋元南戏、元明杂剧、明清传奇、现代京剧及其他地方戏。而一般来讲，传统戏曲文化即中国古代的戏曲文化和近代的戏曲文化。

传统戏曲是中华民族民间美术和文化的重要组成部分，是我国民族传统文化的瑰宝，是一门由诗歌、音乐、舞蹈、表演、杂技、雕塑等多种元素组合而成的文化艺术，与希腊悲（喜）剧、印度古典梵剧并称为三大古代戏剧文化。从某种意义上讲，戏曲的起源可以追溯到原始社会，直到宋元才有了比较完备的戏曲艺术。"中国百花苑"是由"京剧""越剧""黄梅戏""评剧""豫剧"五大剧种组成的。中国戏曲种类繁多，据不完全统计，目前国内有360余种剧种，民间戏曲表演更是数不胜数，例如川剧、晋剧、昆曲、河北梆子等。

第二节　中国传统文化的发展历程

一、传统文化产生的根基

（一）中国传统文化产生的地理环境

中国传统文化的形成与发展，受到中国自古以来所处的地理环境的影响。地理环境包括自然与人文两大类（也可划分为经济、社会、文化）。一般而言，气候、地形、地貌、水文、植被、海陆等自然地理环境的发展和演变都是相对缓慢的，换言之，自然地理环境的发展和演变是潜移默化的，不是一蹴而就的。人文、民族、人口、城市、交通、农业、牧业等方面的发展和变化要比自然地理要素的发展和改变要快。

（二）中国传统文化植根的经济基础

人类的文化可以分为三种：游牧、农耕和商业。

中国位于东亚，幅员辽阔，黄河和长江孕育了这块广阔富饶的土地；来自太平洋的东南季风使中原地区雨量充足；雨季和热季的气候条件，使得田地得到了有效灌溉，为中华先民的农耕生产创造了极其有利的条件。中华民族的农业经济是其独特的自然和地理环境所造就的。

(三)中国传统文化所依赖的政治结构

一个国家的文化发展,除了受地理环境、经济条件、外部环境等因素的影响之外,还会受到社会和政治制度的影响。

纵观世界各大文明古国的发展历程,可以看出中国古代社会政治的基本特征是:父权体系是由血缘联系起来的,是完整的、系统的;封建专制主义的中央集权制度与具有一定血缘关系的父权制,在很长一段时间里,形成了"家国同构"的社会政治格局。

二、中国传统文化的发展概述

(一)先秦:从文化萌发到百家争鸣

夏、商、周,奠定了中国文化的基本构架,后来影响中国文化乃至整个东亚文化长达 2000 多年的许多特征,在此阶段已初步显现。

1. 夏朝:废禅建制

早在公元前 21 世纪,即 4000 多年前,夏朝这个奴隶制国家便建立起来了。禹因为治水有功,被推举为部落联盟首领。禹死后,禹之子启自继王位,与伯益争斗,杀伯益,确立传子制度。

"世袭制"代替了"禅让制",从此"公天下"变为"私天下",这是国家形成的一个信号,也是我国从原始社会过渡到奴隶社会的标志。

2. 殷商:神本文化

经过长期的都城建设,商人的文化程度得到了提高。文字、典籍、青铜器以及中国历史上最古老的都城"殷",都是中国进入人类文明社会的重要标志。根据现有的文献记录和前人的研究,可以发现商人崇尚神灵、崇尚巫术,商文化具有浓厚的神性文化特征。

《礼记·表记》记载:"殷人尊神,率民以事神,先鬼而后礼,先罚而后赏。"这就是殷商神学观念的具体体现。

在殷人心目中,"帝"是地位最高的。其掌管着自然之力,也统治着人类的一切。商王是最高的统治者,也是地位最高的祭司。殷商文化是一种崇尚鬼神的文化，它是人类思想还处在蒙昧状态的结果。

随着商、周两代社会的大变革，人们的智力和身体素质也越来越高，从某种意义上讲，他们对神灵和自然的认识越来越深刻，对自己的能力也越来越有信心。于是，以神为本的文化逐渐向以人为本的文化过渡。

3. 周朝：文化维新

对于中国文化的发展来说，周灭商具有决定文化模式转换的重要意义。

周朝建立后，一方面因袭商代的种族血缘统治办法，另一方面实行文化主旨上的转换，正如《诗经》所云："周虽旧邦，其命维新。"周人的"维新"具体体现在确立宗法制、分封制和制礼作乐上。

4. 春秋战国：文化的"轴心时代"

春秋战国是一个礼崩乐坏的时代，传统的礼制逐步瓦解，新的法律体系逐步建立，社会正处在大的转型期，这体现在社会的上层建筑方面有两个显著的特征：一是"世卿世禄"的传统阶层正在快速衰落；二是"学在官府"的状况正在逐渐瓦解。

春秋战国又是一个文化繁荣的时代，其根源在于当时的社会大变动为各个阶层的思想家提出自己的主张提供了历史舞台。

（二）汉唐：从思想统一到文化隆盛

汉唐盛世是中国古代历史中物质、文化发展的鼎盛时期，无论典章制度、天文历法、文学艺术、建筑技术等，还是口头传统、民俗活动等都为后人留下了巨大的财富。根据汉唐文化形态的构成方式，可将其分为有形和无形两种。

有形即直接以实物为载体的形态，其主要分为器物形态（如青铜器、金银器、玉器、漆器、瓦当、建筑、雕塑、服饰等）、文学作品形态（如医药典籍、史志、诗词等文学作品）、工艺美术形态（如刺绣、剪纸、泥塑、皮影戏、木版年画、书法、壁画、绘画等）。

无形的文化主要分为口头文化传统、民俗活动、节庆活动（如春节、元宵节、清明节、端午节、中秋节等）等诸多风俗习惯。汉唐文化形态的构成方式如图1-1所示。

```
                          ┌─ 器物形态
              ┌─ 有形的形态 ─┼─ 文学作品形态
              │            └─ 工艺美术形态
汉唐文化形态的 ─┤
  构成方式      │            ┌─ 口头文化传统
              └─ 无形的形态 ─┼─ 民俗活动
                          └─ 节庆活动
```

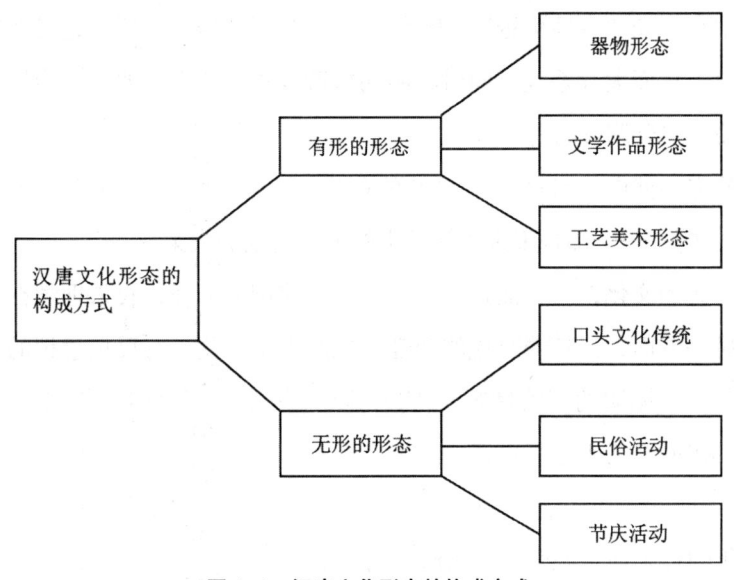

图1-1　汉唐文化形态的构成方式

（三）两宋：理学建构与市井文化勃兴

宋代文化最重要的标志是理学的建构。

宋初，随着社会相对稳定和经济繁荣，宋朝重视文官的制度相对于唐朝来说也有诸多变革。学术氛围比较宽松，文人不会因为错言被杀头，《宋史·选举志》中就写道："仁宗时，士之服儒术者不可胜数。"这种相对自由的文化环境客观上促进了宋学群体——有自觉意识的儒学群体的形成，是理学兴起的文化基础。

仁宗时期，学派林立，主要有以王安石为代表的新学、以三苏为代表的蜀学、以北宋五子为代表的道学（程朱理学，此处是狭义上的理学）。这些学派在一定程度上都有一个共同特点，即排佛拒老，崇尚儒学。但在学理内容上，它们各有其一套理论。最终，理学异军突起。

（四）明清：文化专制与西学东渐

明清时期皇权高度集中，封建专制主义集权加剧，文化专制空前严酷地钳制着思想文化界。

"文字狱"的盛行是"文化独裁"的突出体现。朱元璋文字之"过"，"纵无穷之诛"，大量的士子大夫都因此而遭受不幸。例如，浙江府学教授林元亮的《正旦贺表》中有一句"睿性生智",朱元璋认为"生""僧"音近,是对他曾经出家的一种嘲讽,从而大开杀戒。同时,明朝皇帝设置了东厂、西厂、内厂、锦衣卫等特务机关,主要调查的是士人。

清朝的文字狱更是如此。"庄廷鑨的《明史》案""戴名世的《南山集》案""吕留良的《文选》案",都是康雍年间发生的惊天动地的大案。

明清两代的文化,一方面是文化专制史无前例地加强,程朱理学在当时占主导地位;另一方面,伴随着时代的变迁,也产生了一些带有反抗意识的早期启蒙思想。例如,王阳明的"致良知",将程朱学派一统天下的格局打破了。他的学生王艮和泰州的李贽则走得更远,思想已经有了明显的市民主义倾向。明清思想家黄宗羲、顾炎武、王夫之、方以智、唐甄、颜元、戴震、焦循等人从不同的角度,对封建末年的程朱理学展开了一场激烈的争论。

明清两代是整个世界格局发生剧变的重大时期,在西方,瓦特发明了蒸汽机,标志着工业革命的到来。工业革命促进了国际分工。从某种意义上讲,资本以无与伦比的力量,将整个世界都扯到了商品流通的浪潮中。1840年鸦片战争的爆发,使中国的文化在经历了一场血雨腥风之后,进入了一个新的历史阶段。

第三节　中国传统文化的传播价值

一、传统文化的自身价值

从人类社会发展的普遍规律来看,中华民族历经了由低级阶段向高级阶段的转变。首先是经历了漫长的农耕文明时期,其次是工业文明时期,虽然说资本主义萌芽早已在中国出现,但一直未发展,直到中国被迫卷入工业文明。现在正经历现代文明时期。伴随历史的发展,在漫长的岁月中形成了具有中华民族典型特征、丰富且灿烂的传统文化,包含哲理、政治、教育、礼仪等方方面面。它们为建设现代社会文明提供了深厚的思想基础和源源不断的发展动力。

（一）传统文化塑造了中华民族牢不可破的整体意识

民族是由历史上拥有共同语言、共同地域、共同文化、共同心理素质的人们形成的，有别于其他人群的共同体。构成民族认同感的核心是该民族拥有的共同文化，这也是一个民族得以世代相传的重要源泉。从某种意义上说，文化已成为推动一个国家、一个民族发展的强大力量。

我国自古以来就是一个多民族国家，各民族能够团结发展离不开长期以来形成的共同的民族心理认同感和文化价值观。中国传统文化在很早的时候就探讨过个人、家庭与国家的关系，有国才有家，如果没有国家，那么个体的小家就无法长久，提出国家是个人的归属、人民是国家根本的核心理念。个人立下精忠报国之志，形成了牢不可破的家国情怀和整体意识。例如，儒家经典《大学》中记载的"古之欲明明德于天下者，先治其国；欲治其国者，先齐其家；欲齐其家者，先修其身"，为我们阐述了个人与社会、个人与国家的关系。修身是基础，只有个人修养得以完善，才能治理家庭，家庭才能和睦，只有家庭和睦，国家才能安定有序。同时，也只有有德性的人才能治理好国家。这三者的关系也为我们指明了个人应该如何一步一步在不同阶段追求人生意义。儒家经典强调反求诸己，只有从小事做起，才能成大事。家庭和睦则国兴，家国一体等思想在历史的长河中历经淘洗，逐渐成为中华民族共同的认知，也是教化人民的核心价值标准，在不同的历史时期都占有重要地位，从而塑造了中华民族牢不可破的整体意识。例如，在近代共同抵抗外族侵略的过程中，中华儿女紧密团结在一起，这是我们取得战争胜利的基础。

（二）中国传统文化极具美学意蕴

1. 中国书法的美学意蕴

书法是中国独有的传统文化艺术，历史悠久，积淀着千年的文化。书法艺术的发展与汉字之间存在紧密联系，是古人基于汉字的想象与演变，是无数中国人的智慧凝结而成的。书法的影响甚至可以延伸到中国建筑与绘画中，是中国文化内在精神以及灿烂历史的客观体现。书法的线条简单而自然，虽然单调，但经过组合却能够转变为多种形式，线条的灵活应用赋予书法无限的美感与动感。可以说，书法的线条承载着丰富的传统文化内涵，不同的线条带给人的视觉感受以及心理感受均不相同。书法家将自己的主观意识与思想情感融入书法作品中，由此产生了行书、草书、隶书、楷书等多种字体。也正是对线条的想象与创造，赋予书法多样化的韵律美与结构美，同时生成不同的情感意境。这些意境基于丰富的生活体验，富有深厚的情感。

2. 中国建筑的美学意蕴

建筑与我们的实际生活息息相关，书法、绘画都可以在中国建筑中得到体现。造型迥异、风格不同、历史悠久的中国古代建筑即使在今天仍有独特之处。建筑可以客观反映人们的物质生活与精神世界。中国建筑强调实用性，倾向于自然与和谐，而且吸收了绘画、书法的精髓，最终衍生出宁静、自然的建筑风格。部分建筑在建造过程中考虑到了地形、地势及周边的环境因素，侧面体现了古人追求人与自然和谐统一的生活情趣。因此，中国建筑的美学意蕴体现为人与自然的和谐与圆满，通过让建筑与环境融为一体带给人心理层面的愉悦。

3. 中国传统艺术的美学意蕴

我国传统艺术遗产丰富多样，辉煌灿烂，其中的剪纸、绘画、戏曲等最具代表性。另外，中国的传统美食、服饰也已经有几千年的历史，这些传统艺术处处都能表现中国千年文化的深厚底蕴。质朴的乡土气息、醇厚的文化韵味、生动的历史印记都是传统艺术最为显著的特点。也正是因为这些不可替代的特点让其受到世界各国人民的喜爱。

4. 中国茶道的美学意蕴

中国是茶的发源地，中国传统文化在发展进程中赋予茶艺深厚的文化底蕴。中国人自古以来就喜好喝茶，且将其作为日常生活的一部分，在社交礼仪中更是习惯以茶待客，这也直接体现出茶在传统文化中的重要性。茶的关键在于品，品茶需要有平和的心态、和谐的氛围、合适的对象，方能够在品茶中感受到生活情趣。茶与生活是相互联通的，只有在两者深深融合的基础上，才能深层次理解中国茶文化的美学意蕴以及文化内涵。

5. 中国绘画的美学意蕴

中国绘画具有悠久的发展历史，而且表现手法多样、风格独特。中国绘画注重整体的和谐感，所以画作中通常会有留白部分，或者将简单景物点缀其中。不知是人物停留在空间中，还是空间因人物而存在，人与空间融为一体，充满无限的气韵。中国绘画没有特别强烈的个人主义色彩，在自我与现实之间，中国绘画很好地平衡了两者的关系。

6. 中国诗歌的美学意蕴

中国诗歌博大精深，既是中华民族文化的瑰宝，也是时代背景下的特殊产物。诗人应用简洁、优美的语言描绘出某种意境，让人阅读后不禁产生无限遐想。中国诗歌常通过歌颂自然的方式来传递内心的思想情感，进而营造出宁静致远的氛围，让心灵得到洗涤。诗歌是情感表达的一种途径，注重感性思维。从一定程度上来说，诗人需要将自己的内心情感投入客观事物当中，从而在特定的情境中迸发灵感完成诗歌创作，此时诗歌中描绘的事物已经饱含作者的主观情感，所以也可以将诗歌视为托物言志的载体。

（三）传统文化为当今社会发展提供了源源不断的动力

中国传统文化源远流长，在发展历程中强调创新、包容和与时俱进，所以在人类文明历史中创造了无数的奇迹，同时也为当代中国社会的发展提供了持续不竭的动力。

在今天，中国优秀传统文化更是对国家的建设、治理提供了宝贵的思想源泉。例如，我国治国理念中很重要的一点就是始终坚持以人民为中心的发展理念，爱民、善待人民，这一思想的根源就在儒家学说中。儒家最核心的观念之一就是"民为贵，社稷次之，君为轻"，强调养民爱民、重民利民思想。在当今选拔人才的机制中，用人标准除了考查应聘者对现代知识和专业技术能力的掌握，还强调其德行、人文素养等，这就是"德才兼备，以德为先"，与《群书治要·昌言》中的"王者官人无私，唯贤是亲"等选贤任能的传统思想一脉相承。优秀的传统文化不仅在治国理政中有所体现，而且体现在社会的其他方面，例如，在现代社会，企业的核心竞争力主要体现在人才方面，而人才的核心竞争力又体现在综合素质上，归根结底，中国优秀传统文化为企业发展注入了源源不断的活力，成为推进企业发展的精神动力。

众所周知，中国人对"和谐"的追求历久弥坚，这在儒家和道家思想中都有体现。就国家层面来看，我国的对外交往始终秉持"独立自主，和平共处"的原则与态度，在与世界各国的交往中，中国始终是可亲的、文明的，是努力维护世界和平的。由此不难看出，中国传统智慧为中国文化保持世界地位提供了精神动力。例如，《太白阴经》中有"先王之道，以和为贵"的记载。中国民间也流传有"自古之兵非好战"的格言。它们都突出了中国人崇尚道义、贵和慎战的理念。

除此之外，和谐社会是指人与人、人与社会以及人与自然整体和谐的社会。这种人与人相互友爱、社会公平正义的向往和追求，早已成为中国传统的价值观，并且在当今世界仍然散发着真理的光芒。

当然，需要指出的是，所谓和谐不是没有原则、没有矛盾和没有冲突的全盘接受，而是一种"和而不同"。正是这种"和而不同"的理念才让我们能正确对待各种文化的差异，尊重文明的多样性。在全球化潮流的影响下，面对外来文化的冲击，我们要保持开放的学习心态，去粗取精，去伪存真，在传承传统文化的同时与时俱进，激发传统文化的魅力。

在人与自然的相处中，传统文化中的道家思想为我们提供了正确的价值理念，即尊重自然、顺应自然、保护自然，而不是做自然界的主宰或者统治者，明确保护自然其实就是保护人类自己的思想。这种思想为当今时代人类解决生态环境问题提供了启示，它正在影响着人类世界。

（四）传统文化是滋养当代人价值观念的重要源泉

在当代，中国优秀传统文化仍然深深地影响中华儿女的价值观，为中国人树立正确的价值观起到了重要的作用。传统文化贯穿我们的衣食住行、节日庆典、礼仪规范、风土人情等方方面面。

《大学》中记载："为人君止于仁，为人臣止于敬，为人子止于孝，为人父止于慈，与国人交止于信。"这些思想无不影响着当代人，譬如在家庭、学校教育中提倡与人友善、诚信、乐于助人。

中国传统文化还提倡尊老爱幼，例如，在乘坐公共交通工具时，人们总是会听到"尊老爱幼是中华民族的传统美德，请把座位让给有需要的人"这样的提示语。

另外，中国文化中倡导的父慈子孝、百善孝为先的理念，深入每个中国人心中，在家庭教育中起到很重要的作用。因此，帮助人们树立正确的价值观是传承传统文化的重要体现。

二、中国传统文化传播的外在价值

（一）建立民族记忆，获得文化认同

当今世界经济全球化的不断深入发展引发了人们对身份认同问题的重视。在国家认同、政治认同、社会认同、文化认同等多重身份认同中，文化认同是最根本、最核心的，它是人们在一个民族共同体中长期生活而形成的对该民族文化精神的肯定性体认，是提升民族凝聚力和创造力的重要源泉。而民族文化记忆是文化认同的生成土壤，没有民族文化记忆，文化认同就成为无源之水、无本之木，民族就会失去生存的土壤和精神的家园。中国传统文化所蕴含的精神谱系、价值观念等是中华儿女的共同文化记忆。代代相传的集体知识能确证民族文化的连续性，使人们对传统文化始终保持眷恋，同时对民族未来充满期许和憧憬，使民族获得持续前进的动力。

（二）增强我国传统文化的社会影响力

我国的文化历史底蕴无比深厚，但传统文化的社会影响力还有待提高，因为传统文化地域性太强，向更广阔的地区发展还存在一定困难。对于外来文化应该取其精华，去其糟粕，努力把我国传统文化传播到国外，增强我国传统文化的影响力。

伴随经济全球化的深入发展，我国传统文化软实力也得到了全方位提升。我们应该将文化发展及有效宣传视为工作目标，增强各民族之间的团结及和谐，充分展现我国优秀传统文化的精髓，从而在各个层面加强我国的国家形象。

（三）增强民族自信心，助力实现中国梦

如今全球正处于大发展、大变革之中，各种思想文化的交流也更加频繁。随着多种文化思潮的涌入，我国部分青少年的价值观出现偏差，这既不利于当代青

少年的健康成长，也不利于五千年中华文明的永续传承。中国传统文化是民族性格的深沉持久书写，对其进行传播和发扬能不断彰显文化自信，从而激励国人特别是当代青少年不断讲好中国故事、弘扬中国精神、塑造中国形象，使其深刻领悟中国文化的源远流长和深厚内蕴，从中汲取发展的力量，不断凝聚民族发展的向心力，展现出当代中国人的昂扬精神风貌，彰显中国智慧和中国方案的深厚软实力，进而助力中国梦的早日实现。

第二章　中国传统文化的主要思想

传统文化作为我国宝贵的精神财富，其思想部分一直被我国人民视为珍贵的宝藏。在我国发展的过程中，传统文化的思想提供了十分重要的借鉴意义，有效地提高了我国的综合国力和文化软实力。本章分为中国传统伦理文化、中国传统法治文化、中国传统智慧文化三部分，主要包括英雄精神、君子人格、家国情怀、中国传统法治文化概述、传统法治文化对现代社会的启示、治国理政智慧、政治智慧、外交智慧等内容。

第一节　中国传统伦理文化

一、英雄精神

（一）英雄精神的内涵

"人无精神则不立，国无精神则不强。"可见，小到个人，大到国家，精神在其中都起着秉轴持钧的作用。精神是一个合成词汇，最早出现于《庄子》，有两种内涵：一是指人的心神，即人的精神状态；二是指天地的精气。

精神是指与人的肉体相对的心灵作用、状态，又有精华的意义。精神包括知、情、意的总和，例如气质、气节、品格、格局等。英雄作为民族最闪亮的坐标，无论时空如何变更，英雄本色仍旧不改。

英雄精神的内涵十分丰富，不同历史时期所形成的英雄精神各有其独特的具体内涵。在氏族社会，英雄精神更多体现的是一种不屈不挠、至死不渝的精神。

在封建社会，英雄精神主要体现的是英勇尚武、心系天下、视死如归的精神。在革命战争年代，英雄精神集中体现的是保家卫国、不怕牺牲、英勇斗争的精神。在社会主义建设时期，英雄精神主要展现的是不畏艰难、艰苦奋斗、无私奉献、敢于拼搏的精神。在改革开放时期和新时代，英雄精神更多体现的是开拓创新、敢闯敢拼、爱岗敬业、无私奉献的精神。其实，不同时期所体现出的英雄精神是一个整体，它们具有一脉相承、交融互通的共同特质。不难发现，英雄精神具有先进性和引领性并重、民族性和时代性并重、政治性和生活性并重等鲜明特征。

总的来说，英雄精神是以英雄人物为基础，以英雄行为为表征，以英雄价值观为核心，是英雄在思想观念、行为特征、价值取向等方面所体现的精神状态的总和。爱国精神、奉献精神、奋斗精神、敬业精神、担当精神是英雄精神的基本要素。英雄精神是对中国精神的充分表达，是社会主义核心价值观的集中体现，是社会主流意识形态的突出代表，是激励人们奋勇前进的精神旗帜，是国家富强和民族复兴的强大精神动力。

（二）英雄精神的价值

英雄精神有着不可磨灭的重要作用，不断引导和激励着我们向前迈进，给予世人榜样示范，凝聚着社会向前发展的精神动力。

1. 价值引导功能

价值引导功能在于崇高的事业需要英雄精神的引导。英雄精神作为极具感召力、引领力的道德典范，深刻影响着人们的价值观念，激发人们的使命担当，具有价值引导功能。英雄精神以英雄人物为基础，是社会正确价值观的充分体现。英雄精神与社会主义核心价值观高度吻合。

首先，英雄精神和社会主义核心价值观具有同源性，源于中国优秀传统文化，都蕴含着"天下大同""止于至善""忠勇仁义""敬业乐群"等中华传统美德。二者也是爱国敬业、诚信友善等优秀精神品质的充分表达。

其次，二者在目标上有趋同性，共同服务于实现中华民族伟大复兴。

最后，它们在思想特性上有着高度的契合点，同属于思想文化范畴，代表着社会的主流价值取向，对人民群众的价值引导不可忽视。毋庸置疑，英雄精神是社会主义核心价值观的精神巨矿和价值坐标,是其不可或缺的重要载体和精神养料。

英雄精神对培育人民群众的情操、提升社会的道德水准、凝聚民族价值共识有重大作用。要充分发挥其价值引导功能,培育和践行社会主义核心价值观,需要我们坚持以社会主义核心价值观为载体加强英雄精神建设,促使正确的价值观念和英雄精神在人民群众中得以传扬,以加强引导人民群众树立正确价值观。

2. 精神激励功能

军事理论家卡尔·菲利普·戈特弗里德·冯·克劳塞维茨(Karl Philip Gottfried von Clausewitz)指出:"历史最能证明精神因素的价值和它们的惊人作用。"

英雄精神的精神激励功能主要是指其作为一种精神动力,无论是对个人还是对民族和国家都有着巨大的精神激励作用。

从个人来看,人无精神则不立,精神是一个人的立身之本。没有精神力量就像人在航海时失去了罗盘,没有方向。英雄精神是高尚的道德和精神品质的集中表达,充分反映了主流意识形态,能给人们提供学习的方向和目标。人们的思想和行动经常受到英雄精神的激发和鼓励。英雄会为国家富强和民族振兴、为人民幸福生活而默默付出,为坚持理想信念而努力奋斗,为帮助需要帮助的人而倾尽全力、奋不顾身。这些精神品质和行为受到社会的赞扬时,会激发人们学习和向前奋进的精神力量。所以,英雄精神是激励个人和社会积极向上的精神动力。

从民族和国家的角度来说,英雄人物激励了革命斗志、鼓舞了民族士气、促进了政治认同。英雄人物之所以能够激发如此大的能量,很大程度归功于英雄精神的激励作用。在某种意义上来说,英雄精神是民族精神和时代精神的缩影和精华。

一方面,英雄精神蕴含着爱国主义等民族精神的核心元素。弘扬英雄精神能够唤起人们关于历史民族英雄的记忆,引起人们的情感共鸣,激发爱国情怀,增进社会认同,是助力实现民族振兴的精神动力。

另一方面,英雄精神充分体现着艰苦奋斗、无私奉献、实干创新的时代精神,是提振时代精神的支柱,是激励团结人民奋斗的纽带,是助力实现伟大梦想的力量。综上所述,英雄精神对个人、民族和国家发展都有着不可磨灭的精神激励功能。

3. 道德示范功能

英雄人物身上凝聚着先进的思想观念、高尚的道德素养和精神品质,能够向人民群众展示向上向善的精神面貌和道德情操,英雄精神具有道德示范功能。人无德则不立,国无德则不兴。英雄是人民群众中的杰出人物,是民族的模范,是国家的脊梁。英雄能够成就一番伟业且名留千古,很重要的一点就在于英雄精神蕴含着崇高的道德自觉,是高尚品格的道德示范。

首先,英雄精神蕴含着"全心全意为人民服务"的观念,是中国共产党群众路线的生动体现。英雄来自群众,因此我们要走进群众、相信群众、依靠群众、造福群众。英雄坚持"以人民为中心"的理念,急群众之所急,想群众之所想,把群众的需求时刻铭记于心,因而成为群众心中的道德模范。

其次,英雄精神蕴含着无私奉献和爱岗敬业精神,是集体主义精神的彰显,是无数革命烈士为崇高的理想信念一往无前的体现,充分展现了高尚的道德品质。英雄身上体现的先人后己、无私奉献、尽职尽责精神,在今天仍旧具有旺盛的生命力,对正确处理国家利益、集体利益和个人利益之间的关系有着重要的借鉴作用。

最后,英雄精神蕴含的奋斗精神有助于引领和促使我们的国家走向繁荣富强。当前,人们物质生活富足,但铺张浪费现象时有发生,有些人开始丢掉了艰苦奋斗、勤俭节约的优良传统。因此,弘扬社会优良传统需要英雄进行道德示范,指引人们营造良好的社会风气。

除此之外,英雄作为人民群众的榜样和标杆、社会表率和先进典型,无论是其道德情操、精神境界还是价值观念,都对人民群众具有典型的示范作用。一言以蔽之,英雄精神具有强大的道德示范功能。

4. 社会凝聚功能

英雄精神作为一种先进文化,融合了人们共同的理想信仰、价值取向以及行为规范,为实现共同目标和利益而形成的人际吸引和聚合力量,具有社会凝聚功能。英雄精神是民族精神和时代精神的集中表达,能够凝聚社会思想共识,厚植精神信仰，为实现目标汇聚宏伟之力。英雄的爱国情怀、勤劳勇敢、自强不息等精神品质，是民族精神的标识。英雄精神蕴含着爱国主义精神，是国家富强、民族振兴的强大精神动力，是鼓舞中国人民团结奋进的同心圆。

古往今来，为国家以及民族大义英勇献身、精忠报国的英雄不胜枚举，英雄精神无不体现着"国家利益高于一切""天下为公""天下兴亡，匹夫有责"的爱国主义精神。这些精神具有强大的凝聚功能，让每个中国人倍感亲切并时刻铭记在心，能激发人们的爱国情感和学习英雄爱国主义精神丰富内涵的意识，提升其社会认同感。在时代的发展中，英雄模范辛勤工作、甘于奉献、敢闯敢拼，生动体现了以改革创新为核心的时代精神。这些英雄精神是启动新时代发展的强大引擎，是凝聚全体人民团结奋斗、国家和民族不断奋进的精神纽带。因此，英雄精神有助于汇聚实现中华民族伟大复兴的磅礴力量，具有强大的社会凝聚功能。

二、君子人格

（一）君子人格的内涵

君子人格是中国文化中理想的人格特质，这一人格代表着儒家对个体的道德与行为要求。文学界对君子人格的内涵进行了广泛而深入的探究。"君子"一词原意为"君王之子"，旨在凸显获得这一称号之人不仅社会身份尊贵，而且道德地位崇高。孔子在这样的内涵下用这一称号代指那些具有优秀品德的人，将原本属于君王称谓的阶级概念转换为了人们应该为之奋斗的人生目标，即将"君子"一词赋予了道德评价的内涵。孔子还通过对自己的评价阐释了君子人格所对应的"知、仁、勇"的道德内涵，他认为"君子道者三，我无能焉：仁者不忧，知者不惑，勇者不惧"，即"不忧、不惑、不惧"，对应了君子的处世哲学。君子人格虽发源于儒家，但在君子的身上也能看到道家、墨家的影子，可以说君子人格吸纳了诸子百家对理想人格理解中的积极成分。儒家通过给这一人格赋予明确的标准，使其不再是难以捉摸的缥缈概念，而是具有可操作性的人格追求，并且普遍适用于每一个个体。

(二)君子人格的价值

在儒家看来,君子通过"立德"而"立身",这是作为每一个中华儿女都可以达到的人生境界,唯一的要求就是自身行为要匹配自己内心道德的不断求索。所以君子人格在某种意义上属于众趋人格,它为个体树立了心灵深处的道德高峰,并为个体提供着源源不断的追求动力,这也是普罗大众所应致力追求的人生品质。在儒家著作中,君子人格具有特别清晰的行为规范与品德表现。孔子曾说"未知,焉得仁",可见"知"与"仁"是君子人格中的递进的两个要求,先达"知"进而才能叩开"仁"的大门。对于"知"而言,孔子认为互为表里的"见闻之知"与"德性之知",内含外括共同组成了"知"这一优秀品质。

"见闻之知"表示的是个体在自己经历与感受的基础上获得的对外界的了解,即个体在日常活动中直接与外部世界发生互动而获得的知识。因此儒家更加强调入世之情而非离世之怀,这与道家的人生追求是不同的。这反映了儒家朴素的哲学观,即通过"见闻"这一直接经验获得"知"的重要意义。而"仁"是儒家思想的核心,代表着在社会的大背景下个体与个体之间建立起的和谐关系,子曰:"君子无终食之间违仁,造次必于是,颠沛必于是。"孔子认为,君子之所以为君子,就是因为他能在任何时刻,哪怕是最窘迫、最危难的时候也能按"仁"的要求来规范自己,由此可见,君子人格内涵中所包括的"仁"至关重要。

通过上述对儒家思想的梳理我们可以发现,"仁"始终是儒家一以贯之强调的道德要求,因而"仁"就是君子人格中的必备要素。"勇"这种果敢的人格属性若是单一论述,往往指一种行动力,而行动力的属性需要与其他品质相结合才能展现其优秀的一面。"勇"与"知"相结合突出的是个体在一定谋略下的果断处事风格,例如谋而有断,勇而不刚。在"仁"的框架内,"勇"表现的是能够从容不迫地面对诱惑或是恶劣的环境,在变化的外部世界中保持初心,坚守内心的价值准绳,而这一价值准绳对应了君子人格中"义"的要求。子曰:"君子义以为上,君子有勇而无义为乱,小人有勇而无义为盗。"即孔子认为没有了"义"这一评判法则,对于诸侯来说会依仗自己的兵力发动叛乱,对于大众来说会因为自己身体强壮而抢劫财物。通过上述分析不难发现,君子人格作为中国文化中的理想人格,包含了以"仁"为核心的知、勇、礼、义等方面的特征。

三、"仁爱"思想

(一)"仁爱"思想的内涵

"仁爱"思想历经不同历史时期,在不同历史背景下被赋予符合当时统治者需要的新的内涵。孔子一生都在致力于教人以学,培养德才兼备者,经实践证明,德育功能最为丰富的是大教育家孔子所提出的"仁爱"思想,堪称整个儒学体系的核心。孔子"仁爱"思想的主要内涵就是仁者爱人,主要体现在三个层次:爱亲、爱众及爱天地万物。在此,我们对其历史演进进行梳理,归纳其传承与现代教育的价值。

1. 爱亲

"仁爱"的首要之义即爱自己的家人。孔子所讲的"仁爱"首先要从"爱亲"开始,爱自己家人的同时必然也包括爱自己。古语有云,"身体发肤,受之父母",我们每一个人从有生命伊始直至整个成长的过程,父母给予我们的关爱无时无刻不在围绕着我们。在家庭中,每一个子女都是父母的精神支柱,承载着他们毕生的心血与希望。所以,我们应该把爱惜好自己作为爱护自己家人的前提和基础。在中国古代,对待老人的深情被称为"孝","君子务本,本立而道生,孝悌也者,其为仁之本与"(《论语·学而》),作为君子致力于根本的事务,根本建立后,治国做人的法则自然就产生了,孝顺长辈并顺从兄长,这也就是"仁爱"的基础了。

由此衍生出的"百善孝为先"的古训就代代传承下来。自古以来,我们中华民族非常重视孝道,而且对于孝道的践行也非常重视,上至君下至民无不践行着孝亲思想。由此可见,"仁爱"的首要之义就是爱亲,这也是受到大家的认可和推崇的。

2. 爱众

"仁爱"的第二要义即爱和自己毫无血缘关系的人。相较于爱自己的家人,爱众则有着更高的道德品质要求,这也是我们中国人所尊崇的君子人格的一部分。《论语·学而》讲"泛爱众而亲仁",即我们要把身边的人都当作亲人来对待。毫无疑问,将毫无血亲之人当作自己的亲人来对待是一个很难的问题,孔子在回答弟子的问题时提出了爱众的方法。孔子学生的问题是应该用哪个字来概括一生的操行和追求。孔子的回答是"仁"。弟子又对如何做到"仁"进行追问，孔子的回答是"恕"。弟子又对如何理解"恕"进行发问，孔子言："己所不欲，勿施于人。"

孔子与弟子的这段对话引出了忠恕之道就是如何对待他人的基本原则，对于自己不想要的也绝对不能将其强加给别人，如果我们能按照忠恕之道来处理我们和他人的关系，对于他人的理解便会增加一分，达成一种人与人之间和谐的状态，这便是爱众。

3. 爱天地万物

中国传统文化尊崇的"仁爱"精神倡导人们为他人着想，帮助他人，善待他人，珍爱生命，与天地万物和谐共生。孔子说"天生德于予"（《论语·述而》）、"人而不仁，如礼何？人而不仁，如乐何"（《论语·八佾》），提出人处世立身、做任何事情都应当以遵循仁为依据和前提。

我们所追求的君子人格，其前提与核心就是要有"仁爱"之心。《易经》中说："天行健，君子以自强不息；地势坤，君子以厚德载物。""天行健"与"地势坤"均为天地之道，其根本精神在于"无私"。

（二）"仁爱"思想的价值

1. 注重德育

中国的传统文化历来高度重视人的品德修养，推崇圣人的形象和君子的个性。"仁爱"是孔子所提倡的德育体系的重要组成部分，它包含着极其丰富的德育资源，对塑造人的个性起到了不可忽略的作用。孔子说，"德之不修，学之不讲，闻义不能徙，不善不能改，是吾忧也"，强调人的首要任务是提高品德。孔子还把"仁"列为君子道德的第一位，并提出"道者三""知者不惑，仁者不忧，勇者不惧"的观点。

2. 对祖国的深厚感情

孔子所倡导的"君子"性格，可以通过后天的德育来培养。《礼记·大学》强调以成仁为基础，修身是成仁的先决条件，修身而后才能治理好家庭、治理好国家，进而实现天下大同。

这种观点与思想也符合现如今高校文化建设的目的。大学生要树立"仁爱"之心、以"仁德"为根本，坚持"高远"的理想信念。孔子的"仁爱"思想对中国社会的进步与发展产生了积极影响，对当代大学生的道德教育仍有一定的参考意义。

3. 维护社会的和谐

"仁"是孔子哲学思想的中心，它是人的至高道德标准和行为追求。"君子不仁，君子以礼相待？人不仁，又有什么乐趣？"告诫我们，做人要有一颗仁慈的心，要无愧于天地。"非义者富贵，不如我"，阐明了人要树立"义"重于"利"的价值观念，一旦发生违背伦理的事情，哪怕有再多的好处，也绝对不要去做。

"君子喻于义，小人喻于利"，指出了君子与小人的区别，为我们抵御人生道路上的种种诱惑提供了清晰的指导，并与社会主义核心价值观遥相呼应，是促进社会和谐的"良方"。

4. 对自然主义的推崇

中国传统文化的核心价值观所强调的"自然"，也包含了世界上一切事物的运动法则，而对事物本身法则的掌握，则是对社会发展的理性判断。顺应自然法则的思想，对当今社会发展的各个层面都有一定的参考价值。

四、家国情怀

（一）家国情怀的内涵

家的本义是屋内、住所。西周时期，家主要指的是卿大夫的封地，它与诸侯的领地是相对的。家是古代社会的基本单位，中国文化以家族为主导，注意个人的义务与责任。

国，本义是邦国。古代指的是诸侯所受封的地域，包括土地、人民、主权的政体，后泛指国家。在现代社会中，"国"从广义上讲，具有共同体的意义。家庭的建设关涉个人道德品质的发展，是国家建设的关键点，国家的发展为家庭的安全稳定提供了保障，爱国如爱家，大国与小家休戚与共，家国关系成为国家治理体系的中心轴。

家国情怀，由"家国"与"情怀"所组成。情怀是指含有某种感情的心理状态与情境。顾名思义，家国情怀表现的是人们对家与国所表达出来的一种稳定、持久的心境。在这里需要强调的是家国情怀与爱国主义的不同之处，家国情怀不仅包括对国家、民族的深厚感情，还包括对其生长环境的深深眷恋之情，其内涵更加宽泛细腻；爱国主义则是一种政治意识与道德规范，是对国家、民族利益的维护，是一种大众情感，是对主体道德法规的一种双重约束。

（二）家国情怀的价值

家国情怀的形成与我国家国同构的政治结构有着密切的联系，由天子、诸侯、卿大夫以血缘关系组成的国家组织结构，在宗法分封的社会制度下，人们初步形成了爱家、爱国的情怀。"天下之本在国，国之本在家，家之本在身"（《孟子·离娄上》），修身齐家治国平天下，成为无数仁人志士的理想追求，家国情怀也成为中华民族独特的文化底蕴。

因此，在新时代条件下，家国情怀一方面是对中国优秀传统文化的传承与发展，另一方面也是对国家前途命运的责任与担当，放到国际视野下，更是关注人类前途与命运的大局胸怀。

第二节　中国传统法治文化

一、中国传统法治文化概述

（一）以法治国理论

战国时期的思想家商鞅在讨论"法"、宣传"法"、研究"法"的理论和"法"的实际运用过程中，提出只有"法"才能提高国力、治理国家和判断是非，极力主张"以法治国""以法为本""有法可依"，将"法"作为治国的根本。

商鞅的"法治"思想特别强调治国的关键是"法"而不是"人"，指出治理国家不能没有法，法具有严肃性和"定纷""止争"的威慑功能。由于商鞅等法家的"法治"思想从构建之初就是建立在对人性"好利恶害"的认识上，所以提出的治国方略都是与其相应的调节社会关系和维护社会稳定的法治观念。法家还出于对"法"作用的重视，提出"法"是人人都应当遵守的行为规范，具有公正性、平等性和公开性，提倡用法令统一人们的思想，指导人们的言行，法律面前人人平等。

法家思想的著名代表人物韩非子认为,"法"是治国的唯一手段,是统一人们行动的最好标准,如果一切都依法办事、以法治国,就能把国家治理好。古老中国法家的这些"法治"思想被各个历史时期的统治者不同程度地接受和运用,从而使中国传统的"以法治国"理论得以不断发展和延续。

(二)以德化民理论

以德化民理论是儒家所提倡的治国方式,源于西周初期"明德慎罚"的思想,意在唤起人们内在的正直天性,使人们能够趋向于孔子所说的智、仁、圣、义、忠、信六德,强调以德服人。据此儒家提出了许多道德主张,力倡的有"为政以德""德主刑辅""先德后刑"等理论,可见,儒家非常青睐于德治,在当时的社会,道德位居支配地位,统治者相对轻视法治,并且影响了法律的制定,成为一种治国理念。

统治者认为"德"是治理国家、取悦民心的主要方法,通过道德教化能够保持和提高人们的道德自觉性,使人们明耻敬己。由此人们就会自觉服从统治者的统治,不会去违法犯罪,能够树立良好的社会道德风尚。

这种思想被历代思想家和政治家所推崇,不仅奠定了中国传统文化中朴素唯物主义的基调,最终还成为中国古代社会正统的法律思想和治国方略,更对后世的政治法律活动产生了深刻的影响,是中国法治体系的基本理念之一。

(三)法治与德治兼用理论

法治与德治兼用是中国社会传统法治文化长期存在的观念,强调的是法治与德治的相辅相成、相得益彰作用的共同发挥。例如,孔子所主张的"宽猛相济"思想里的"宽"就含有德治的内涵,而"猛"主要针对法治,意为在社会治理中单独讲德治或法治都失之偏颇,只有两者配合起来才能达到较好的治理效果。自此形成的"为政以德""德主刑辅"思想,都是对"宽猛相济"思想的进一步完善与发展。

作为社会治理的重要工具,法治与德治兼用,主要是通过内在的道德教化作用和外在的法治保障来共同实现社会治理功能。总之,法治的有效实施有赖于德治的支持，德治的践行也离不开法治的约束，这些法治历史经验给现代社会治理提供了宝贵的借鉴。

二、传统法治文化对现代社会的启示

中国传统法治文化源远流长，但无论怎样，终究都是适应于当时的社会形态和经济发展的需要，并且起着一定的促进作用。时至今日，虽然世易时移，但其所蕴含的法治思想，依然对现代社会治理中的社会信用系统建设有着一定的启迪作用。现代社会信用不仅是所有社会行为获取有效性以及合法性认可的基础，还是现代社会联结、交易合作与相互服务的基础。无论是传统的欺诈、违约、失信等各种争端，还是新兴业态的创新发展，都需要可以信赖的信用安全以及相应的法治保障，以实现信用的社会价值、经济价值和伦理价值。

社会信用不仅需要道德约束，更需要制度保障，而能够实现德治与法治有效结合的就是道德工程建设和法治体系建设。在我国全面依法治国的建设征程中，社会信用体系的建设如果缺少道德规范和法治保障就不可能行稳致远。目前，我国各级政府及社会各方面已经正视我国社会信用体系建设所面临的困难与问题，积极采取措施，不断增强人们的信用意识，制定法律法规，把法治思维和法治方式贯穿整个社会信用体系建设当中，引导社会诚信自律。这是我国传统法治文化在现代社会信用体系建设中的传承与扬弃，其"以法为本""明德慎罚""宽猛相济"的法治思想对现代社会信用建设具有启迪作用。

（一）信用法治化是现代社会信用体系建设的根本

"以法为本"就是要把法治作为社会治理的根本准则，用规范性语言对法律条令进行明确后贯彻实施，其主导思想在于社会需要法律的保护、法治的引领和推动。延伸到现代社会信用体系建设中，就是社会信用需要行之有效的社会信用制度的支撑和维护，所以"以法为本"的法治思想就需要传承和创新。由于信用是由传统人际信任衍生出来的涉及社会合作和经济交往的普遍事项，良好的信用使人们在处理问题时对不确定的、隐含风险的事物充满成功的信心。

社会信用需要制度系统保障，需要通过制度与规则进行支撑与维系。社会信用制度是一个社会成为信用社会的立本之源，信用法治是交易行为和市场机制提出的规范性要求和制度性安排。如果信用关系混乱，失信行为和信用危机就会产生，社会信用体系建设也难以付诸实现。对此，一方面要在政府引导下，多领域、多层次地制定信用规范；另一方面要坚持法治，制定法律法规，保障社会信用体系在有序的法治轨道建设上得到全面发展。

（二）全社会诚实守信的道德观是现代信用体系建设的规范

儒家所提倡的"明德慎罚"思想的功用在于以德的真谛去影响教育人民，激发人们所固有的大义凛然及刚正不阿的本性，让人们能够自觉自愿地趋利避害，远离违法犯罪，循规蹈矩，洁身自爱，进入一种崇高的思想境界。

我国古代的"明德慎罚"思想充分体现了"德"的作用和地位。"一诺千金""立木为信"，这些传统"诚""信"道德观已成为烙印，深深地印刻在中华民族的社会生活领域中，作为一种道德规范被遵守和传承，成为人们生活及交往的基本道德要求，在国家和社会制度的发展过程中发挥着重要的作用。

在当前的社会信用体系建设中，引入社会主义核心价值观，能够培养民众诚实守信的优良品格和道德品质，让民众以诚实守信为荣，公正地判断是非曲直及社会评价，形成良好的社会风气和道德规范。这不仅能够使社会舆论、风俗习惯整体向好，还能使个人自觉行善驱恶，也能够使假冒、失信、老赖等行为失去生存的空间，营造诚信、自律、互信的信用环境，为社会信用体系建设打下坚实基础。

（三）"法""德"结合是现代社会信用体系建设的遵循法则

由传统法治文化的"宽猛相济"理论形成的德法共治思想，是发挥德治与法治各自的治理优势，实现优势互补协同参与国家治理，实现国家治理绩效最大化的基本遵循。

在社会治理中，德治与法治是一个紧密结合的整体，二者不可或缺，一方面可以用法治保障道德，另一方面可以用道德滋润法治。在社会信用体系建设中，既要建立全社会共同遵守的信用法律规则，营造稳定、公平和透明的法治化信用环境，又要广泛深入地宣传诚实守信的道德观念，弘扬美德义行，引导公民恪守信用，提高全社会的诚实守信意识。总之，就是用德治引领、规范信用思想，推进信用体系建设，并逐步把对道德规范的遵守升华为对法治的敬仰。

第三节 中国传统智慧文化

一、生态智慧

（一）天人合一

1. "天人合一"的内涵

"天人合一"思想源远流长，据考证，在周代就有此观念，以天的道德化和自然化为主，春秋战国时期"天"的神性逐渐递减，到了秦汉时期又进入高潮。为什么在汉代会出现这种情况呢？这要从汉代的政治、经济、文化背景谈起。

刘邦建立西汉以后，整个国家处于内忧外患、百废待兴的局面，直到文景时期，才逐渐巩固了中央集权，在"轻徭薄赋，与民休息"的政策下，出现了"文景之治"。到了汉武帝时期，中央政权趋于稳定，经济也较为发达，帝王为了巩固登基后的地位和力量，开始加强封建专制，因而迫切需要一种新的文化取向在意识形态方面为其政权服务，所以就有了"罢黜百家，独尊儒术"的政策。

董仲舒作为尊儒之先声，承秦灭学后，吸收了阴阳五行、神学理论等，在《公羊春秋》的基础上提出了"天人合一"思想。这种思想一方面因有利于加强封建专制而得到上层统治者的大力推崇，另一方面又符合人们心中尚存的神本主义思想。董仲舒建立这一思想体系的目的在于为汉王朝的长治久安提供有力的思想理论工具，而乐舞则对当时汉王朝的统治和教化起到了重要作用，是以审美的方式实现社会控制的重要手段，而"天人合一"思想对汉代舞蹈的发展起到了非常重要的推动作用。

"天人合一"到底是何意？这个问题在历史上争论颇多，对此有几种不同的看法：广西师范大学文学院教授聂春华在其著作《董仲舒与汉代美学》中写道"有冯友兰先生的'物质之天'和'有智力有意志之自然'的两种意涵，也有金春峰先生的'神灵之天''道德之天''自然之天'的三种意涵，还有周桂钿先生的'无所不包的宇宙''与帝相对的上空''本原的天''神性的天'这四种意涵等"，其中汉代董仲舒认为可以划分为"道德属性的人格之天"和"阴阳五行化的自然之天"，人既生于天，则应取法于天，人之"神"应归于天之本源、属性和规律，人的万物必与天相通，正因如此，世间万物才会在宇宙中有规律地循环运动，形成完整的体系。人与天的关系是相互感知、相互呼应的，应形成和谐的人与自然之美，形成神灵之天、道德之天和自然之天。

春秋战国时期兴起了重人道、轻天道的人文主义思潮。在这种思潮下，孔子提出了天道与人道相区别的观点，并且大力弘扬以仁为核心的人道。孟子在此基础上将仁义之道内化为人性，并以之为生存之本。在天人观方面，孟子试图摆脱传统天命观，在天与人之间增加了人性这一环节，说人们并非直接听从于天命，而是通过寻找良心、寡欲等方法达到尽心知性以知天、存心养性以事天的目的。孟子以人性为媒介来实现天所赋予人的本质属性，这为其天人相分思想提供了理论支持。

总而言之，"天人合一"分为"由天生人"与"以人致天"两个环节。站在天的角度来看，"天人合一"体现为气化生人之道；站在人的角度来看，"天人合一"体现为事亲事天之道。基于"天人合一"的思想，张载提出了"民胞物与"的理论，即天地间的一切都与"我"有着密切的联系。在"天人合一""万物一体"的境界中，人们的道德自觉意识大大提高，而富贵、贫贱、生存、死亡对于人来说，不过是气化流行的结果。对此，人们要做到"存顺没宁"，即将有限的肉体生命投入操存由我的德性修砺之中。

2."天人合一"的价值

（1）以"天人合一"推动和谐自然

在现代社会中，随着生产力的发展，人类对自然的破坏愈加严重。人类和自然万物共同生存在世界中，自然环境的破坏最终也会对人类的生活产生消极影响。只有当人们认识到人与自然万物密不可分时，才能更好地唤起人们保护自然的决心，实现人与自然万物的和谐共处。那么在"天人合一"的视角下，人应该如何对待天地与自然万物，下面展开具体论述：

首先，在"天人合一"的视角下，人应以感恩之心对待天地。《西铭》开篇即言："乾称父，坤称母。"如前面所述，张载以乾坤指代天地。那么，天地为人之"父母"，对人有生成之德。人对于天地"父母"的生成之德应常存感恩之心。张载认为，人对天地"父母"也应尽孝。此"孝"在《西铭》中则体现为对天地"父母"的顺从。在现实中，人们面对丰富的自然资源，应当怀着感恩之心，珍惜自然资源，避免浪费。同时在生产生活中，人们应尊重自然规律，顺应自然变化。

其次，人在日常生活中不要以自我为中心而随意妄为、主宰自然。张载指出，天地之心（天心）是无私、不乱为的，天心也并不是主宰万物之心。张载解释道："天则无心无为，无所主宰，恒然如此，有何休歇？人之德性亦与此合，乃是己有。苟心中造作安排而静，则安能久？"由此可知，如果人们要想达到"天人合一"的至高境界，那么人心便要与天心相合，要保有一颗不造作之心。在张载看来，人类不应将自己视为万物的主宰。这种观点落实在现实生活中，则体现为人不应该寻求征服自然。人们需要适度开发自然资源，不能因过度开发而超过自然所能承受的范围。

最后，人应当爱护自然万物。张载将人与万物的关系表述为："物吾与也。"他认为人与天地、与自然万物是合于一气的。此时，张载站在本体论的层面上，肯定了人是自然界的一部分。他将自然万物视为自己的同类伙伴，要求人们爱护万物。因此，在现实生活中，人们应该保护自然环境，爱护动物、植物，保护生物的多样性。

综上所述，我们可以借鉴《西铭》中的"天人合一"思想，以感恩之心面对自然万物。我们不应将自己视为自然界的主宰，而是要以平等的心态去对待、爱护自然万物，并减少对自然环境的破坏与浪费。总之，人应当站在视"天地万物为一体"的角度去看待人与自然的关系，学会与自然和谐共处，使我们的生活环境变得更美好。

（2）以"天人合一"确立正确的评价标准

首先，人与人在本质上是平等的。张载以气聚为人描述了人的化生过程。他认为人在本质上都是源于气。张载将所有人视为天地"父母"的子女，并且以"民吾同胞"解释了人们都是同胞兄弟的关系。既然所有人都是气化的产物，也都属于大家庭中的同胞兄弟，那么人与人是平等的。这种思想运用到现实中，则体现为人与人之间要相互尊重、相互关爱。

其次，评价一个人是否值得尊敬，要考查此人是否拥有德行。在"民胞物与"的理论中，张载认为，君主的宗子身份并不是随意确立的，而是要考查其是否"贤德"，即是否有德行。由此，有无德性便成为评价人的标准。在张载看来，人性生来有天地之性与气质之性之分。天地之性至善无恶，而气质之性有善有恶。人追求"天人合一"境界的历程便是以气质之性复归天地之性的经历。天地之性为人的至善本性，能复归至善本性的人便是圣人。基于以上分析，我们可以认为，对一个人的最高评价便是认为此人达到了"天人合一"的德行境界。

综上所述，人与人之间的差别不在于地位、容貌等外在区别，而在于有无德性。我们尊重有德性之人，并以他们作为榜样模范，这样有助于提高人的道德修养水平，还有助于树立正确的价值观念。

（二）"道法自然"

1. "道法自然"的内涵

"道法自然"这一哲学命题的产生最早源于老子对宇宙万物的思考。老子并没有赋予其理念中的核心概念"道"以具体的物象，因为"道"的内涵是庞大而深奥的。老子的所有理论都是围绕着"道"而展开的，它在简练中透露了更高层次的内涵。

"道"中还蕴藏着本体论的意义，它以神秘又强大的力量维系着宇宙万物的生命活力与和谐发展，同时又引导着人类一切的行为活动，使其有理有据。"道"在老子的哲学观中被划分到本体论的体系之中，许慎在其著作《说文解字》中将"道"字解释为"有一定方向的路"，这是字面意思，但也与老子所说的"道"的含义有很大的联系。

老子并不是"道"的首位提出者，他的"道"来源于之前就已经存在的"天道"的概念，老子的独创性在于他打破了"神是世间万物的创造者"这一说法。他认为"道"才是创造万物的最初发起者，他将"道"这一从属哲学的概念进行了抽象与延伸，将"天道"与"人道"概念进行扩展，使其思想范畴覆盖到了整个宇宙，又将庞大宇宙的本源归于"道"的内涵之中。

换句话说,"道"既是万物发生的开端,也是宇宙发展演变的最后归属。《道德经·第二十五章》中对"道"的特性做出了解释,"道"的产生要远早于天地万物的出现,它始终具有独立存在和永久不变的特点,因此"道"是天地万物循环往复的重要规律和标准。这就说明万物不论以何种方式来变化运动,其最终的归属都要返回根本。

"道"作为宇宙万物出现和演变的依据,是通过"德"的内在存在得以实现的,它可以被定义为是统摄万物的重要力量。故《老子·第二十五章》又说:"人法地,地法天,天法道,道法自然。"老子在这里总结出,"自然"既是"道"的规律,也是"道"的最后归属,同时又陈列出了人、地、天、道和自然五者是一层高于一层的关系,而"自然"是这一体系中的最高行为准则。反过来看,道、天、地和人也是体现"自然"的直接途径。

2."道法自然"的价值

(1)为"尊重自然、顺应自然、保护自然"的生态文明理念提供思想借鉴

生态环境是人类赖以生存发展的前提和基础,我们每天呼吸的空气、饮用的水、吃的食物,都得益于大自然的馈赠,都是生物多样性带来的福祉。因此,保护自然就是保护人类自己,没有良好的生态环境,人类的生存和发展无从谈起。

工业革命后,人类为了经济利益,用粗暴的手段对待自然,忽略了人与自然密不可分的关系。牺牲环境而进行的发展,看似带来了经济的飞跃,其实是一种不可持续的发展。

事实证明,伤害自然最终会伤害人类,这是不可抗拒的规律。老子的"道生万物""道顺自然""自然无为"等理念,展示了人在自然中的地位和遵守自然规律的必要性和基本途径,警示人类要改变"人是自然的主宰"的错误思想,也就是要改变传统的以人类为中心的观念,这就要求我们要在遵循自然规律的前提下改造自然,并且为自然的可持续发展和万物的正常自然生产构建便利和适宜的条件。

(2)为新时代生态文明建设提供思想借鉴

关于人与自然的关系,其实就像"物质和意识谁具有第一性"一样,是哲学家们一直争论的问题。老子的自然观在如何正确处理人与自然的关系,以及如何建立和谐的自然观,如何进行生态文明建设有着巨大的启迪作用。老子的自然观

有利于克服不正确的发展观。老子的自然观认为,"故道大,天大,地大,人亦大。域中有四大,而人居其一焉"(《道德经·第二十五章》)。人是自然界中不可分割的一部分,自然界与人类平等地拥有生存权与发展权。这种自然观把自然纳入与人类应有的平等关系之中,有利于确立人与自然相互依存的关系,有利于人类与自然和谐相处。老子的自然观从万物平等出发,认为人与自然是一个和谐的有机整体,而不是谁支配谁的关系。老子从整体的角度看待世界,认为人只是整个世界的一小部分,人与万物处于平等的地位,人与自然相互依存。因此,人类的行为不能违背自然的规律,更不能脱离整个生态系统,成为一个自足的个体;人不能凌驾于自然之上,人与自然应该是平等的。这就要求我们不仅不能破坏人与自然的和谐关系,而且要在发展过程中进一步解决人与自然的矛盾,不断实现人与自然的进一步和谐发展。老子的观点"人与自然的统一"要求我们尊重大自然,以谦逊的态度充分意识到自然的价值,实现平等的一切,承担应有的责任。这个观点是促使我们的生产和生活平衡、和谐、自然的正确观点。老子的"道即自然""无为"的自然观不仅是一种尊重自然的价值观念,而且是一种方法论。这是对人类对自然的过度开发和对自然环境的肆意破坏的一种警告,告诉人类应该遵循自然规律,反对为了自己的私欲而粗暴地干涉甚至破坏自然。它倡导人们在充分利用自然资源、积极开发自然的同时,注重保护自然的原始状态,进一步引导人类达到生态意识的新高度。老子认为万物皆源于道,人类也不例外,所以,禁止违背事物本质的莽撞行为。正确的做法是模仿自然,遵循自然发展的规律,而不是任意干涉。要从整体出发,结合整个自然的规律和实际情况,合理开发自然资源。老子的自然观虽然诞生于先秦时代,却依然适用于两千多年后的今天,这一思想能帮助我们端正发展理念,走出一条人与自然和谐共生之路。

(3)为全球生态治理中国方案提供思想借鉴

自工业革命以来,人类凭借科学技术的力量不断地创造着优质的物质生活。在享受这一飞速发展的同时,人类对自然的过度利用导致了生态资源严重破坏的现状。人类过度"利己",忽视了生态系统需要平衡的生存法则,致使人与自然共生的矛盾愈演愈烈。特别是进入信息化时代的今天,随着气候变暖、荒漠化加剧、生物多样性遭到破坏,自然灾难频频发生,社会的发展和人类的生存面临着严峻挑战。在这种条件下，共同构建人与自然生命共同体尤为重要。构建人与自然生命共同体就是要坚持人与自然和谐共生。"万物各得其和以生，各得其养以成。"大自然孕育万物，也是人类生存和发展不得不依赖的基本条件。在这种前提下，人类更应该以自然为根，尊重自然、顺应自然、保护自然。中国以生态文明思想为指导，贯彻新发展理念，以经济社会发展全面绿色转型为引领，以能源绿色低碳发展为关键，坚持走生态优先、绿色低碳的发展道路。可见，老子的自然观为生命共同体理论提供了一定的思想借鉴。

（4）继承整体与平衡的生态智慧，学会尊重自然

面对生存环境受到的挑战，正确处理人与自然的关系成了世界范围内共同的话题，中国传统的自然观，特别是老子自然观成了我国解决人与自然共生问题的智慧来源与理论借鉴。

老子"道生万物"的平等生态观告诉我们，人与自然是一个有机的整体，并不是"改造"与"被改造"、"索取"与"被索取"的关系。世间万物的地位都是平等的，不存在谁凌驾于谁之上，而人作为世间万物中的一员，不可能独立于自然界而存在，没有自然就不会有人类的生存与发展。因此，正确处理人与自然的关系，就要尊重自然、顺应自然规律、保护自然环境，摒弃人类中心主义的错误思想，建立实现人类社会发展与自然保护双赢的正确观念。

老子的自然观告诉我们，自然万物与人是彼此相连的，并且人要想生存，必然依赖于自然界。但是人作为地球上最具智慧的生物，具有很强的主观能动性。在处理人与自然的关系上一定要以尊重自然为前提，从这一观点出发，老子认为，人的行为不应该独立于自然之外，而应把人与万物同视、将人类视为这个系统中的重要组成部分。但是在如何发挥人的主观能动性方面，老子说："夫莫之命而常自然。"（《道德经·第五十一章》）他认为，人不应干涉自然，而应"顺任自然"。从另一方面讲，自然界不仅为人类提供了衣食住行的物质基础，而且为人类创造了提高自身生存技能的物质条件，面对自然界的给予和馈赠，人类要以感恩之心尊重自然。然而，现实却是现代社会存在着很多为了求发展而破坏环境，致使生态恶化、环境污染等的问题和现象；资源短缺、频繁的地质灾害等都是自然对人类无序发展的警示。人类想要长期生存就必须意识到，天地万物的生存与发展都

是此消彼长的，正如老子所说："天之道，其犹张弓与！高者抑之，下者举之，有余者损之，不足者补之。天之道，损有余而补不足。"（《道德经·第七十七章》）我们要反思，不能一味过度索取，要懂得尊重自然。人类生于自然，自然却不仅仅为人类而存在。大自然创造了适合人类生活的环境和条件，人类和其他生物都要依靠自然生存。老子把人与自然的和谐作为一个统一的整体，同时，将"道法自然"作为处理人与自然关系的最高理想。人类和其他生物都是整个自然生态系统的成员。老子告诫人类要认识到"道生万物"，人只是自然的一部分，人与自然万物平等，不是万物的主宰，人要尊重自然。

老子从人与自然的本原出发，提出人与自然是和谐统一的整体，"故道大，天大，地大，人亦大。域中有四大，而人居其一焉"（《道德经·第二十五章》）。将人类与万物置于整体中，人类不应与自然为敌，不应征服自然，而应该尊重自然，自然是与人类命运相连、福祸与共、和谐共存的统一整体。老子的这一整体观对于构建人与自然的和谐关系，使人认识到违反自然规律将要承受严重的后果，进而对人利用自然和改造自然的过度行为起到一定的约束作用。恩格斯就曾经说过，假如人类靠科学与创造能力去盲目暴力地征服自然，那么最终得到的一定是自然对人类的报复。

（5）坚持尊重规律的生态实践原则，主动顺应自然

自然界的运转是有一定法则的，老子说："夫物芸芸，各复归其根。归根曰静，是谓复命。复命曰常，知常曰明，不知常，妄作，凶。"老子认为，天地养育万物，给生物生存发展的空间，但天地并不是靠此来控制万物归自己所有，或凌驾于人类之上，它从不支配万物，而是让万物自由地生存和发展。这种无私的精神就是所谓的高尚品德。这种品德并不要求我们超脱自我与外界环境，而是要求我们顺应天地之道，注重修养，按照自然规律办事。在面对自然和人的关系时，要心存感激，保持一种自我觉醒的心态，保持内心的平静，放下功利的心态和杂念，"顺天道而行"。

如何在自然的规律范围中发挥主观能动性，这是老子为后人提出的问题。老子认为天道界定一切，人们既要主动顺应天道，也要有所为有所不为。人只有与自然处于和谐的状态下，才可能最大限度地谋求发展。我国已经明确提出构建和

谐社会的提议，而人与自然的和谐发展，就要以尊重自然规律为前提，老子的自然观通过对"道""天""地""人"之间关系的解读，强调了天道的法则及其运转不息的原理。老子的自然观提倡顺应自然，让自然界万事万物保持原本的状态，在这个基础上去实现人类的生存和发展。这就是老子所告诉我们要坚持人与自然和谐共生的发展理念，可见，老子的自然观为当代实现人与自然的和谐共生、社会的可持续发展提供了丰富的思想资源。在老子的自然观中，解决环境保护和人类发展的问题并不是一个两难的问题。人与自然和谐共处不仅是生态文明发展的内在要求，也是人类的发展目标。

老子的自然观将人类从原始的支配自然的理念引向人与自然共生、人类顺应自然的理念，通过对"有为"与"无为"的界定，解决了人与自然共同发展的问题。在他的自然观引导下，人类才正确地认识到自己与自然的关系以及自身在自然界中的位置。从某种意义上说，早在两千多年前，老子的自然观就为我们处理人与自然的关系提供了发展方向。因此，深入挖掘老子的自然观并运用到实践中，对我们实现人与自然和谐共生具有深远的意义。

（6）汲取和谐共生的生态发展理念，积极保护自然

老子主张人在开发自然资源时要有限度，不应该超越自然的承受范围，要坚持适度的发展原则。这种为了防止人类对自然界盲目索取以及因人类不断超越自然界承受限度而危及自身生存与发展的思想，具有超越时代和历史发展的前瞻性。在当代，我们所倡导的可持续发展观，依旧可以看出老子自然观中"无为"的思想。长期以来，人类由于过度追求发展，盲目地满足自身需求而忽略了自然自我恢复的需求，从而陷入了生态恶化、资源短缺等生存与发展困境。面对日益严重的生态环境问题，人类开始重新审视人与自然的关系。在这样的社会背景下，我国提出了可持续发展的理念，探寻人类生产生活与环境资源相互协调、相互发展的道路。

众所周知，人类要生存和发展，就必须利用和改造自然，人类的活动必然会引起自然环境的变化。特别是随着人口的不断增长，需求随之增加，人类生产活动规模的不断扩大导致了自然环境压力也在逐渐增大。在这样的现状下，如果人类没有意识到自然对人类生存与发展的重要性，继续肆意破坏人与自然的生态关

系，就会导致环境恶化、资源短缺等生态危机。当人类盲目征服自然时，必然会导致自然"报复"人类的后果。因此，我们要尽快建立人与自然和谐共生的可持续发展模式，只有人与自然共同发展，才能保证人类的可持续生存以及人类社会的可持续发展，而这种可持续发展的关键就是要遵循自然的运行规律。

老子的自然观是人与自然关系的理论依据与渊源，他倡导的理念是既要满足人类的生产和生活，又要保持自然万物在一种"本原的状态"，并且不威胁子孙后代的生存和发展。弘扬中华民族优秀传统文化，并对此加以继承与发展，进而来指导实践，是社会主义新时代的历史选择。老子的自然观不仅充满着生态智慧，并且为今天的生态文明建设带来了启示。老子在关于人类和自然的关系问题上提出了"知常""知止""知足"。"知常"观念，提醒人类要认识自然规律；"知止"观念，警示人类向自然界索取必须适可而止；"知足"观念，提示人类要克制自己的欲望。只有做到了这些，才能"故知足不辱，知止不殆，可以长久"（《道德经·第四十四章》）。老子的自然观提示我们，要改变不合理的生产方式和消费方式，减少经济发展对资源和能源的依赖，减轻对环境的压力，缓和人与自然的对立关系。老子的自然观在新的历史条件下，以其重视人与自然的和谐发展、人与万物之间生生不息的平衡关系的理念来指导实践，不仅有利于缓解当前的环境危机，也有利于实现社会的可持续发展。人的生存发展与自然生态是不可分割的有机整体，破坏生态系统就是对人类生存基础和前提的破坏，也就等同于人类在为自己修建通往毁灭的道路。因此，面对人与自然共同体，任何一个国家和民族都无法置身事外，在谋求自身区域发展的同时，更应该立足于整个人类的共同利益，为保护人类赖以生存的家园相互促进，共同发展。"执古之道，以御今之有"，两千多年前老子通过对天人的朴素感悟，将人类社会与自然视为统一的整体，形成了自然无为、关爱生命、尊重规律、顺应自然的自然观。这些自然观对我们当代实现绿色发展，构建人与自然和谐共生的美丽中国与美丽世界有着重要意义和深远影响。

（三）尊重生命

生命都是平等的，动物与人没有本质区别，都是血肉之躯，应当以平等的态度去对待。尊重生命具有重要价值，可体现在以下方面：

1. 营造良好生态环境

月令与时令的概念最先出现是在先秦时期，来源于阴阳五行家，在《管子》和《吕氏春秋》中有较为系统的记录，后在《淮南子》中得到发展，最终记录在《礼记》中。《礼记·月令》非常重视保护森林资源，从遵循生长的季节规律出发，制定出具体的措施，保障对资源的合理利用。严禁在山林发芽生长期伐木，于是做出了春夏两季禁止伐木的规定。在古代社会还设置了管理人员，专职负责保护环境与资源，被称之为"野虞"。

《礼记·月令》管理山林的原则，是按照季节实行的。人的生活和天时相一致，体现了对山林生命盛衰的尊重。在动物资源的保护方面，将动物资源归纳在自然资源之中。生物的多样性为人的生活提供了必需的各种物资，例如，为人们提供毛皮、肉食以及药材等。动物资源具有维持自然环境平衡的作用，《礼记·月令》的记载体现了古人对生态环境的保护。保护动物资源的思想主要体现在以下三方面：

第一，提出对动物幼崽的保护措施。在动物脆弱的阶段，例如，怀孕与哺乳期，严格禁止渔猎。在这一要求的指导下，提出了一系列保护措施，例如，不掏鸟窝等。

第二，提出猎杀时不能竭泽而渔的原则。在这一原则的指导下，提出了一些保护动物资源的具体措施，例如，禁止使用"罝罘""罗罔"，禁止使用毒药进行渔猎等。

第三，提出促进动物按时生育进而扩张种群的原则。按时促进动物生殖，保护具有生育能力的动物，维护有生力量，为当时民众所处时代的"安居乐业"奠定了基础，为国家安定强盛奠定了根基。中国传统生态思想不仅仅针对一般的动物，还将范围扩大至昆虫甚至一切生物，不仅规定了捕杀动物的种类，还对捕杀时间进行限定。一月到九月的时间段，禁止捕杀动物幼崽；一月到十二月的时间段，禁杀怀孕的母兽；一月到十二月的时间段，禁止捕杀鸟类；一月到九月的时间段，禁止拿动物的卵。以上这些规定都体现了按时捕杀的"时禁"原则。另外，在土地资源的保护方面进行有效的保护也尤其重要，能够使土地资源可以被人类持续利用。

2. 提升传统农业生产能力

中国传统社会中,农业生产是关乎国家存亡的根本。《管子》指出,"士农工商四民者,国之石民也"。农民是国家重要的组成部分,农民的重要性体现在排序之中。传统社会中一直存在着重农抑商的思想,这种思想一直维持着社会的运转,保证国家机器发挥正常职能。"奖耕战"和"重农抑商"的策略,都体现着农业是民生之本。传统社会中,统治者对农业重要性的认识极其深刻,明白国民经济对于保障社会安定和治理国家具有重要意义,农业生产生活与国家的富强紧密相连。只有农业得到很大程度的发展,经济才可以具备繁荣的基础,军事才具备战则必胜的实力,国家统治才能够长期稳定。《齐民要术》载,"尧命四子,敬授民时;舜命后稷,食为政首;禹制土田,万国作乂;殷周之盛,诗书所述,要在安民,富而教之",将农业作为根本,认识到了促进和发展农业生产,才能够实现人的生存与生活,才能够实现社会的安定和谐,才能够实现国家的强盛。中国传统社会的经典著作蕴含着非常丰富的农业思想,农业思想的根本是万物合一的生态和谐观,也体现了农业是传统国家根本的历史观。传统农业思想认为,在农业生产过程中务必要顺应天时地利、竭尽人力,达到天地和人之间的和谐统一,保证人类生产生活的永续发展。

《齐民要术》对中国传统社会的农业思想有集中反映,主要体现在顺天时、因地制宜、尽人力三个方面。在传统社会中,人们将"天""地""人"并称为"三才",它们相互依存,不可分割,是万事万物的根本。农业思想被广泛应用于生产生活之中,并且被记录在典籍之中,《吕氏春秋》载:"夫稼,为之者人也,生之者地也,养之者天也。""稷辟土垦草,以为百姓力农,然不能使禾冬生。岂其人事不至哉?其势不可也。"指出人类必须明白自身能力的有限性,以及与自然和谐共处的必要性,强调不能凭借自己的意愿对自然随意进行干涉,必须遵循自然的规律。在尊重自然的前提下,传统农业思想并不否认发挥人的主观能动性,而是倡导人类在顺应自然的同时也应当有所作为。"天为之时,而我不农,谷亦不可得而取之",体现出了要发挥人的主观能动性对自然规律进行应用,顺利进行农业的生产生活;提出农业生产生活并不只对单一主体展开,农业生产生活是主客体之间相互作用的结果。人与自然是辩证统一的整体,人与自然资源等客观环境条件影响着农业生产生活。"天人合一"与"道法自然"的生态思想,深刻影响着传统社会的方方面面,尤其是农业生产生活。

3. 缓解传统社会矛盾

中国传统社会中,权力依赖于当时的小农经济,而小农经济则依赖于自然环境与自然资源。去除恶劣的自然条件对生活的影响,百姓对风调雨顺的自然条件尤其珍惜,并且在认知和思想上形成了保护环境的观念,在行动中也将其落到了实处。中国传统社会中权力的形成具有多方面的影响因素。权力的主体是人,要依赖"人",才能发挥其功用。

权力的依赖性体现在掌控人力,在运用权力的过程中,没有人力作为支撑,就没有了根基。通过历史的发展可以发现,权力的运用模式如果发生变化,也就意味着人力的运用发生了变化。由此可以得出,权力的运用和人力的运用是相互作用的。在运用权力的过程中,中国传统社会逐渐从部落社会进入君主社会。君主社会从相对集权的宗族王权,逐渐转变为绝对专制的家族性皇权社会。转变的根本原因就在于运用人力的方式方法发生了变化。

在运用人力的过程中,从最初几乎不受权力束缚的部落社会,逐渐发展到皇权对于各地人民的完全掌控。人力的运用是王权向专制皇权转变的基础和关键,并且保证了权力的长期存在。在统治者与人民的整体中,矛盾不可避免地持续存在着。中国传统社会中每个朝代开始时,运用权力的群体实行着"休养生息"的政策,帮助农业生产生活得到最大程度上的恢复与发展。但是当经济逐渐复苏,人民生活得到发展,权力就逐渐变得越来越集中。农业在发展过程中开始出现收取钱财的政策,比如往往以税收形式出现。以"平籴法"为代表,说明统治者开始削弱农民的财富,丰盈自身的仓库,通过再次的分配改善社会的发展不平衡。朝代发展至末期开始出现严苛的税收,这也是统治者维护特权的方式方法。苛政使小农经济加速萎缩直至破产,使农民与统治者之间的矛盾逐渐激化,最后发展到影响社会秩序的稳定,且经常表现在财政和兵役方面。如果统治者不能及时处理农业生产生活上的问题,就会发生王朝更替的现象。重农抑商政策中抑制工商业的发展,是为了维护农业在传统社会中的地位,进而保障社会的稳定。

汉武帝时期推出了两项政策,即"盐铁专营"和"算缗告缗",将所有的资源归于统治者经营，削弱商业的影响力和商人的实力，与此同时，命令富商上报财产收入并缴纳税收，如果不按照要求执行遭人举报，则所有财产将全部分给统治者和举报者。统治者重农抑商的政策造成从事商业的人地位低下，迫使商人只能依赖统治者，才能够获得资源站稳脚跟。也正是因此形成了中国传统社会中统治者具有多重身份的现象，包括官僚、地主、商人等身份。中国传统社会对于生态环境的保护非常重视，即使根本目的并不是为了保护生态环境，但是为了维护统治者的权力，保护生态环境与保障农业在客观上也起到了缓解社会矛盾的作用。

二、治国理政智慧

（一）以民为本：治国理政的根本

民本主义起源于西周时期，其要义在于：政府存在的全部意义就是为民谋利，否则将失去人民的信任和支持。这一思想正是《尚书》所记载的"民惟邦本，本固邦宁"。民本主义观念是中国数千年治国理政的价值取向。春秋战国时期，儒家学者极力宣扬得众、爱众和济众思想，例如，孔子倡导"仁者爱人"，孟子提出"民贵君轻"，荀子认为"得民心者得天下"。这些学说包含着丰富的民本思想，是当下"以人民为中心"思想的理论缘起。诚然，封建社会的民本思想具有历史局限性，但其重视民生的合理内涵却被延续至今。

（二）修身养德：治国理政的内在规约

中国传统文化一直注重"修身为本"的行为理念。"夫君子之行，静以修身，俭以养德，非淡泊无以明志，非宁静无以致远。"（《诫子书》）。通过"修身立德"，使自己的心灵得到净化、纯洁。在我国古代，修身养德被视为教育之本，也是人们立身做人、干事创业的准则。

（三）和合包容：治国理政的政治气度

和合包容是我国历史上以和合文化为基础的追求和谐的思想。这一理念被运用至新时代治国理政的实践中，彰显出新时代治国理政的政治气度。老子提出"万物负阴而抱阳，冲气以为和"（《道德经》），孔子倡导"礼之用，和为贵"（《论语·

学而》），孟子推崇"天时、地利、人和"（《孟子·公孙丑下》），墨子、管子、荀子等先秦诸贤也对"和"或"和合"作过相关阐释。"和合故能习，习故能偕，偕习以悉，莫之能伤也。"（《管子·幼官》）"三曰礼典，以和邦国，以统百官，以谐万民。"（《周礼·天官·大宰》）这些思想无不表明中国人在处理各种关系时都秉承和谐共生的原则。当今世界正处于百年未有之大变局，国际社会局势暗流涌动，种种不确定性因素呈现增加态势，人类社会发展存在一定的风险挑战。我们应该高举和平、发展、合作、共赢的旗帜，积极营造良好的外部环境，推动构建新型国际关系和人类命运共同体。从实际而言，和合包容的理念被广泛运用至处理大国关系、人与自然关系等各方面。在处理大国外交关系时，我国秉持"万物并育而不相害，道并行而不相悖"的理念，呼吁国与国之间摒弃猜忌、封闭、对抗，要从人类命运共同体的视角来构建新型国际关系；在文化交流方面，强调文明是平等的，促进不同文明和谐相处；在人与自然关系的协调上，牢固树立尊重自然、顺应自然、保护自然的生态文明理念。

（四）廉洁自律：治国理政的重要保证

中国传统文化中闪耀着廉洁自律的思想光辉，对新时代深入推进廉政建设具有重要的借鉴意义。

孔子阐明了"欲而不贪"的思想，孟子主张爱民、选贤、取廉的思想，商鞅"治吏"思想的主要内容由"为吏以廉""以廉为本"构成。

韩非提出因"势"倡廉，本"法"兴廉，以"术"促廉。

庄子认为，"廉洁"就是不要把自己的利益建立在别人的痛苦之上，在《庄子·杂篇二》中有："人犯其难，我享其利，非廉也。"

《管子》中的"礼义廉耻，国之四维"，把礼、义、廉、耻看作维系国家的四根支柱。四维尽绝，国家就会由倾到危，由覆到灭。

这些优秀的廉政思想对于新时代推进廉政建设具有重要价值。

（五）辩证统一：治国理政的方法论

世界上的万事万物都处于普遍联系之中，任何事物或过程都是对立面双方的统一体，对立的两面既相互依存，又相互转化，这正是辩证法的思想要义。古代中国的辩证思维在《易经》《道德经》《孙子兵法》《洪范传》《张子正蒙注》等历代典籍中广泛可见。比如，中国传统医学就强调人体与天地的协调统一，强调人体内部各要素的相互制约和联系。这些思想体现了鲜明的问题意识，闪烁着辩证法的思维光辉。

（六）革故鼎新：治国理政的时代诉求

创新思维蕴含着强大的中国传统文化基因。古籍《周易》中有"穷则变，变则通，通则久"的思想，其对中国文化产生了深远的影响。在当代中国，思变创新是未雨绸缪，倡导创新，勇于创新，不仅在理论上创新，更在实践中创新。新时期的创新理念根植于中国优秀传统文化的沃土，彰显出全国各族人民不断更新自我、主动适应时代、积极推动发展的蓬勃朝气和持续动力。

三、政治智慧

（一）有道以统

"有道以统之，法虽少，足以化矣；无道以行之，法虽众，足以乱矣"，强调了"道"的重要性。老子说："道可道，非常道；名可名，非常名。"中国特色社会主义法治道路是最适合中国国情的法治道路。坚持中国特色社会主义法治道路，要传承弘扬中国法治文明。

中国历史上第一部比较系统的法典——《法经》，是战国时期魏国人李悝在整理春秋以来各诸侯国所颁布成文法的基础上编纂制定的，成为历代法典的蓝本。

《唐律疏议》是唐朝高宗永徽三年（652年）编定的，反映了唐代各阶级阶层的法律地位及其相互关系和一些政治经济制度。

古代的日本、朝鲜、越南等国家，大部分的立法都是仿照唐律。中华法系是指中国古代的法律体系，在世界法制史上具有重要的地位。中华法系、欧洲大陆法系、英美法系、伊斯兰法系、印度法系并称为世界五大法系。因此，我们要坚定中国特色社会主义法治道路自信，决不能妄自菲薄。

（二）执本末从

"秉纲而目自张，执本而末自从"，意思是说，抓住总纲，渔网就会打开；抓住根，其余的细节就会跟上。宪法是一个国家的根本法，在国家现有的法律体系中是统帅和核心。

首先，法律法规的制定必须以宪法为前提，必须于宪有据。

其次，法律法规的内容必须符合宪法的规定，宪法赋予国家立法机关可以制定基本法律和基本法律之外的其他法律、行政法规。相关立法机关在制定法律的时候，要按照宪法的规定。宪法是法律体系的统帅和核心，是法律法规制定和产生的依据，也是人们行为的根本准则。宪法是法律的纲，纲立文顺、纲举目张。因此，依法治国首先是依宪治国，依法执政首先是依宪执政。

四、外交智慧

（一）外交智慧的内涵

外交思想并非抽象和空洞的概念，而是对外交实践活动起引领和指导作用的理论体系。外交思想，顾名思义，由"外交"与"思想"构成，对于外交的概念在前文已加以论述。而对于"思想"的理解，中国现代历史学家钱穆先生曾在其著作《中国思想史》中以"有生灭心，有相续心"开篇，对思想的概念予以生动解释，即"普通人心都是刹那起灭，一刻儿想这，一刻儿想那。很少能专注一对象，一问题，连续想下。相续心便成了思想"。意思是思想不仅是客观存在反映在人的意识中并经过思维加工而产生的结果，而且是对某一问题长期系统而又深入加工思考的成果。

外交思想可以理解为一个国家对外交活动中坚持何种外交原则、秉持何种外交理念、坚持何种外交目标以及采取何种外交战略等问题进行的长期而又深刻的理论思考而产生的基本意识，它是指导外交活动的行为准则和评判外交行为的重要尺度。换言之，外交思想可以理解为一个国家在外交活动中所形成的外交原则、外交理念、外交目标和外交战略等一整套的理论体系，其中原则是遵循，理念是核心，目标是导向，策略是手段。这些要素成为外交思想的重要组成部分，亦是一国外交区别于他国外交的重要方面。

（二）传统文化与国家外交智慧

由于传统文化属于文化的重要元素，且传统文化是民族文化中最为根本的部分，因而在分析了文化与国家外交的关系后，对于传统文化与国家外交的关系亦会有一个较为清晰的轮廓，即从传统文化对外交的影响方式和影响结果来看，亦是通过影响大众和外交政策制定者以及外交实践领导者的政治素养、思维方式、价值导向和处世风格等，进而影响外交理念的制定、处理外交问题的方式和外交行为的走向。

此外，由于传统文化具有历史延续性、时代融突性和未来指向性等多方面特征，因而其必然会使一个国家的外交也打上深刻的民族烙印。其思想理念、人文精神和思维方式等都会融入外交行为和外交风格中，不会因为领导人的更改而发生改变，因而传统文化对国家外交影响的一个重要方面是使国家的外交行为和理念始终具有较为完整的连贯性，体现出鲜明的民族特点和民族风格。

总体而言，目前直接就传统文化与外交关系进行系统研究的著作较少，大概这与传统文化本身较为抽象且无法进行严格的量化和数据分析有关，但几乎每一部研究国家外交的著作，都会从民族文化渊源来追溯一国外交战略选择和外交行为走向。

对于中国的传统文化与国家外交而言，国际关系理论家阎学通在其书《世界权力的转移——政治领导与战略竞争》中探讨了先秦思想的适应性问题，认为先秦时期华夏地区的国家与现代民族国家固然不同，但差异并非如一些史学家所想象的那样大，这些差别并不妨碍我们借鉴先秦思想认识创造新的国际关系理论，反而有助于我们修正现代国际关系理论中的偏差和错误。这为我们提供了一个新的思路。正如中国战略研究中心主任叶自成所说："中国学者大可不必亦步亦趋跟在西方的理论之后，将其奉为圭臬。"中华优秀传统文化对于中国外交的价值，不仅体现在使我国外交战略和外交理念保持着连贯性，还体现在为外交理论的探索和创新提供了文化渊源和价值支撑，其犹如一座宝库，等待着后人们的开发和运用。

第三章　中国传统文化的基本精神

中国传统文化的基本精神作为中华民族精神的具体表现，在中国社会的长期发展中发挥了重要的作用，产生了深远的影响。全面了解中国传统文化基本精神的内容与功能，有助于我们更好地把握传统文化的新时代价值，促进中国传统文化的传承和发展。本章分为中国传统文化基本精神的意蕴、中国传统文化基本精神的内容、中国传统文化基本精神的功能三个部分。

第一节　中国传统文化基本精神的意蕴

一、广泛影响的思想观念

中国传统文化的基本精神体现着中华民族特定的价值取向、思维方式、社会心理以及审美情趣等。中国传统文化所包含的道德理念与哲学思想极其丰富。这些理念与思想在中国传统文化中起主导作用，是处于核心地位的基本思想和观念，它在中华民族历史发展的长河中，产生了广泛的影响。

中国是世界文明的发源地之一。在远古时代和中古时代，中国屹立于东方，中国文化与西方希腊罗马文化交相辉映。到了近代，中国文明形态作为一种生活方式和思维结构，在文化层面上的意义并未消失。无论过去、现在和将来，中国传统文化都曾为、正为和将为丰富人类文明做出独特的贡献。

从人类文化发展史来看，不同民族、不同国家和地区都或多或少地对人类文明做出了自己的贡献，但是它们在历史发展的不同阶段所起的作用、做出的贡献是不一样的。有的民族或国家的文化对周边的民族或国家产生了比较大的影响，积之既久，形成了一个文化圈或文化体系。中国传统文化有利于团结人民、教育人民，有利于精神文明建设，同时也有利于社会的发展与稳定。

古代的中国曾经是世界上最强大的国家之一，其地域广阔、疆土统一、经济繁荣、国势强大，成为整个东方的中心。中国传统文化为世界文化的发展和繁荣做出了巨大的贡献。

中国传统文化的基本精神从古到今一直指引着中国人民不懈前进。当然，中国传统文化的基本精神不但是中华民族的精神食粮，也在一定程度上影响着其他民族、其他国家的精神文化。随着经济全球化的到来，中国传统文化的基本精神广泛传播。总之，无论从时间的跨度，还是从地域的广度，中国传统文化的基本精神对古今中外的精神与文化都产生了广泛的影响。

二、民族共同的精神追求

中国传统文化体现了中华民族最深沉的精神追求，是中国文化生生不息、发展壮大的丰厚滋养，其思想精髓是中国特色社会主义文化的"根"和"魂"。一个民族的精神追求是一个民族的文化传统长期熏陶的结果。中国传统文化是中华民族在精神文明方面的思想观念、价值取向、道德要求、生活习俗的总和，也是中华民族在传统农业社会中发展的精神支柱。经过几千年的积淀而流传至今的传统文化对中华民族来说是一种巨大的凝聚力，它将各民族凝聚在一起，形成了坚不可摧的力量。中国传统文化所倡导的天人合一、仁民爱物、天下大同的价值追求，深深影响着中华民族的思维方式、价值选择、道德理念，深深影响着中国人民的生产生活、意识和行为。

中华民族历来崇尚自然、热爱自然，在认识与处理人与自然关系的过程中，凝聚出具有民族特色的精神追求，即人与自然和谐统一，同时养成了尊重自然、热爱自然、和谐统一、仁慈善良、爱好和平、勤俭节约的美好品德。虽然这些优秀传统美德在不同历史发展阶段、不同时代有着不尽相同的表现，但其精神内核始终都是追求人与自然和谐相处，并一直影响着中华民族的精神追求。

中国特色社会主义精神追求的构建离不开中国传统文化。当前，建设生态文明需要立足国情从中国传统文化中汲取营养，不断推进中国传统文化与当代文明形态相融合，有利于理解和贯彻落实新时代生态文明思想，用中国传统生态智慧为中国精神文明建设提供行动指南。中国传统文化是我们民族的精神家园，是民族血脉。在当代，发展中国特色社会主义离不开中国传统文化的精神助力，中国传统文化使我们有共同的精神追求。文化的发展离不开核心精神的支撑；中国传统文化的精神追求经过千百年的相传，汇集成民族的共同价值取向。人与自然和谐相处成为中华民族共同的信念。中国传统文化的精神追求能够推动中国特色社会主义文化的构建。其中所倡导的人与自然和谐相处的精神追求，为人与自然和谐共生、可持续发展、绿色发展、永续发展等生态思想奠定了坚实的基础。把中国传统文化的精神追求有效地用于当代精神文明建设中，有助于促进中国特色社会主义精神文明观深入人心。

中国具有丰富的传统文化和伟大的民族精神，中国传统文化在我国的历史中经过了数千年的沉淀。弘扬民族精神必须经过创造性转化、创新性发展的重要环节，确保伟大的民族精神与时俱进。文化是推动我国一切发展建设的先导，文化具有多样性。我国如今所取得的伟大成就，离不开传统文化和伟大民族精神的支撑。

三、民族发展的动力

中国传统文化是中华民族在几千年的实践中所积淀的宝贵精神财富，是组成中华民族文化软实力的本源。中国传统文化包含的"大同""小康"的理想追求，"穷则变，变则通"的变革意识，"先天下之忧而忧"的社会责任意识，"以天下为己任"的人生价值观念，"己所不欲，勿施于人"的仁爱精神，"君子和而不同，小人同而不和"的包容精神，"亲""诚""惠""容"的周边外交理念等，是治理国家和人自身发展的重要思想渊源，都曾在历史上产生过积极作用，有助于正确地引导当下的文化自信建设。历经时代变迁，中国传统文化作为一种文化有机体，形成了丰富的历史底蕴和精神智慧。即使随着时代的变迁，传统文化中的部分思想已经不能满足当下社会发展需求，但它所包含的优秀基因仍能够催生新芽、焕发生机。故此，新时代的文化自信建设离不开中国传统文化的浸润和滋养，假如没有中国传统文化作为根基，其就像"无源之水，无本之木"。

中国传统文化有旺盛的生命力和凝聚力，从精神层面树立起了抵御外来文化的牢固屏障，为民族解放、自由和独立做出了不可磨灭的功绩，为我国社会主义文化的进步发挥了重要作用。中国特色社会主义文化以中国传统文化为根基，而中国传统文化则又形成于华夏五千年的文明历史。围绕爱国主义而形成的民族精神有效凝聚和团结了广大的中华儿女，使得中华民族始终向往和平并为之矢志不渝地努力，无论在面对任何困难和挑战时都能够勇敢无畏、自强不息，能够时刻做到"捐躯赴国难，视死忽如归"。也正是因为如此，中华儿女才会如此忠诚于自己的民族和国家，在面对外敌入侵的时候毫不犹豫地扛起反抗的大旗，使中华民族的自尊得到了有效的捍卫，使我们的国家能够愈发坚不可摧。中华儿女也正是因为浑身散发着自强不息的民族精神，才能够在强权和欺凌面前奋起反抗。中国传统文化的民族精神，从精神层面和价值层面有力地推动人们的生产生活继续向前发展。

第二节 中国传统文化基本精神的内容

一、天人合一、道法自然的核心精神

中国哲学史上的"天人合一"思想，早在远古时期已有端倪，于夏商周时期开始萌芽，而后经过老庄、孔孟、董仲舒、张载等诸位思想家的理论阐释与实践发展，在宋明理学时期发展到了高峰。"天人合一"的思想深入了中国文化的各个领域，成为人们的重要思想源泉。

在中国的远古神话中，盘古被视为创世神，是万物生长的起源。女娲抟黄土造人则更多地被视为人类的起源。甲骨文、金文都包含了古人"天人合一"的思想理念。商周时期的"天人合一"，就是讲求人世间的万事万物必须符合天命，"天"是至高无上的神秘力量，它既具有自然性，又包含道德性。正如《左传》中记载周武王得以伐纣成功，是因为"商纣暴虐，鼎（天命）迁于周"。"天"不会无缘无故将权力赐予人类，而只有符合"天"的道德规范的人才能够统治天下。由此可见，中国先民自古以来就乐于探索人与天、万物与自然之间的联系，这也

是此后中国历朝历代思想家、文人孜孜不倦研究探索的核心学问。老子的"天网恢恢，疏而不失"，荀子的"天行有常，不为尧存，不为桀亡"，刘禹锡的"用天之利，立人之纪"等都是"天人合一，道法自然"的中国传统文化核心精神理念的集中体现，凝聚成中华民族遵循自然、讲求天人和谐共处、人类适应自然万物的朴素原则。

盘古开天辟地、女娲造人的神话故事是古人智慧的结晶，是最原始的自然崇拜。盘古的身体化为天地万物，体现着人与自然的依存关系；女娲用泥土造人，是农耕时代人与土地关系的直接表达。古人对人类始祖的神化，反映着中国古人的宇宙观，体现了人与自然不可分割的历史根基。远古时期，人们对天地祖先的崇拜，把天当作神，是建立在"泛神论"基础上的天人合一。换言之，即神学的天人合一。

三皇五帝时期，人还未能对自然有更多的理解。他们相信自然背后有着更高的主宰，这一主宰就是古人口中的"上天""天"，即宇宙万物的最高主宰者。人们相信世间存在着至高无上的道德神——至上神。人若不敬"天"就会招致惩罚，人若敬"天"就必须依照"天"的意旨做事。要想知晓天意，需要与"天"进行思想沟通。"天"向人传达信息有两种途径：其一，"天"对其意旨的表达；其二，人对"天"意旨的揣度。"天"的意旨，即指"天命"，通俗地讲就是天主宰人的命运，天意不可违。这一时期的天人关系是一种单向关系，"天"发号施令，"人"依令执行。天人关系在这一时期融入了道德理念，被注入了新的内涵。

春秋战国时期，人们对于"天"的认识开始落入现实世界。虽然"天"仍被视为至高无上的神，但其神秘感有所减弱。继泛神论、天命论之后，这一时期的天人关系出现了新理论，即"天道论"。"天道论"，亦可称为"天人合道"或者"天人合德"。以老子、庄子为代表的思想家主张自然界有其自身的规律，自然现象并非全是天意的安排。老子认为"道"独立存在，且早于天地出现。"道"是抽象的、脱离具体内容的一般原则。外界的种种都不会干扰"道"，"道"是始终如一的。因此，老子认为"天法道"，自然运行都需要遵循"道"的要求。"道"的特征就是反对人为，主张无为。所谓无为，就是万事万物自有其生长规律，"天"对所有事物都一视同仁，人无须擅作主张。老子认为，君主不可强作妄为，应为辅助而非干涉。这才是对待万物的正确态度，体现了"天道自然"。诚然，老子主张万事万物讲究自然而然，但是老子也并不否定主宰之天的存在，更不否认天与人之间的联系。只不过老子心中的"天"是消极无为的"天"。庄子同老子一样，主张"天道自然"，认为日月星辰等自然现象没有人为外力影响。荀子继承了老庄"天道自然"的思想，并将"天道自然"观发展得十分彻底。荀子将天象与人事完完全全剥离开来，他认为不管是多么异常、多么奇怪的自然现象都和人无关。荀子认为"天"指的是自然之天。自然之天，即大自然的运转有着固有规律，不因人之善恶而更改。即不管上天是否指导、有何指导，自然万物都有能力自己完成一切。孔子继承了"以德配天"的思想，并在此基础上丰富了"德"的内涵。孔子认为"德"的主要表现形式是"仁"。首先，自己先站得稳，才能谈帮别人；"自己不喜欢的，莫强加给别人。其次，自己要学会克制私欲、修正习性。时至今日，这仍体现着中国一直以来倡导的正确义利观与仁义道德观。孟子对于"以德配天"有着创新的理解，孟子提出"尽心知性知天"，他认为人心是用来思考的，天与人是可以沟通的。天赋予了人之善良本性，所以从个人的修身养性上讲，只要认真探索自己的内心，就能够知晓天赋予人的善之本性，存心养性便可知晓上天的意旨。因此，孟子认为天人之间可以通过"性"统一起来。孟子的"知性"到"知天"，是"天人同性"理念的发端，正式记载则是在儒家经典《中庸》中。

宋代，张载首次正式提出了"天人合一"的思想。在前人"气"论的基础上，张载提出了自己的"气"论。张载的"气"脱离了物质形态，即它不是看得见的云气，或是摸得着的水蒸气。张载的"气"是无形的，是看不见、摸不着的，只有当"气"聚合成万物后才会以有形的形式表现出来。张载主张，天与人都是由"气"所构成的，都是"气"的存在形态。因此，"天"与"人"具有共通性，此所谓"天人一气"。张载认为，凡是由"气"构成的万物都具有神与性的内在。神与性是"气"同一属性的不同方面。神是"气"的动态变化，性是"气"的静态结果，总而言之，都是"气"所固有的东西。具体而言，性又可以分为天地之性与气质之性。天地之性中的"天"是主宰之天，是至上神。至上神是纯善无恶的，因此天地之性是纯善的。张载主张人之本性来源于天，因此人从天那里获得的性也是纯善的。然则，"气"虽构成万物，但人与人之间后天的气质是不同的，彼此间拥有的气质之性也就不同。这样的差异性叫作"气之偏",张载的理论既维护了儒家主张的性本善论,又解决了现实中存在善恶之人的问题。后天的气质之性不仅有善也有恶,人要想体现与兽相分,就需要纠偏,做法便是打破气质之性的禁锢,以求与天地之性相一致。天地之性是本然的,气质之性是实然的,本然是实然之指向,更是实然应当超越自我的缘由。基于此,张载强调人应当通过自己的努力和国家的教化让自己具有纯善的气质之性,达到本应有的天地之性境界,此即张载在孟子"尽心知性知天"的基础上发展的"天人同性"。总之,从动态上讲,"天人合一"是不断提高自身修养;从静态上讲,"天人合一"是一个人理所应当从实然到应然的结果。

后人对于"天人合一"思想的发展都是在张载的基础之上进行的。从远古神话开始,天人关系一步一步演进到张载正式提出的"天人合一",内涵之丰富无法轻易全面展示。但毋庸置疑的是,建立在前人天人关系理论上的"天人合一"思想,承载着许多珍贵的理念。张载"天人合一"的内涵除了"天人一气",还包含着"天人合德""天人同性"。此外,张载之后,"二程"(程颢和程颐)创新地提出了"理也,性也",认为"性"即为"理"。在他们眼中,在孟子的"尽心知性知天"中,心、性、天都是"理"的不同称谓罢了。张载的"天人同性"就是"天人同理"。除了"二程",后世传统哲学家对张载"天人合一"的思想也多有研究。虽然论证方式不同,但最终诠释的"天人合一"内涵也都大同小异,基本思想是一致的。发展后的"天人合一"思想蕴含着"天人一气""天人合德""天人同性""天人同理"的内涵。

那么,天人关系发展至此,除了"天人合一"这一主流命题,其他学者是否还有不一样的见解呢?需要明确的一点是,有关天人关系的表述,绝大多数学者都是赞同"天人合一"的,也有学者是对"天人合一"思想的补充。后世哲学家总结天人关系,主要有"天人合一"与"天人相分"两种观点,前者占主导性地位,后者常常被拿来作为批评"天人合一"的佐证。其实,"天人合一"思想被人诟病缺乏主客观思维,但"天人相分"的提出恰恰也说明了中国古代是讲主客关系的。有着"天人相分"思想萌芽的荀子提到"顺其天政,全其天功",强调了人的主观能动性,主张人应当有所作为。人需要帮助自然完成造化万物的功能,既顺从自然又利用自然。在荀子的基础上，刘禹锡主张"交相胜，还相用"，强调人与自然有联系也有区别。天地万物包含人，人类是其中最聪慧的，可以运用自己的智慧去利用自然变化来春耕夏耘、斫木穿山，依据自然法则来满足自身的生活需要。"天人合一"与"天人相分"看似彼此排斥，实则"天人合一"与"天人相分"体现了天人之间对立统一的关系。两者你中有我，我中有你，天与人之间是动态的发展过程，不是静止的终极结果。天人关系一直不停地持续展开，人与自然的持续发展之义也就存乎其中。天人之间没有绝对的合一，也没有绝对的相分。"天人合一"的前提就是"天人相分"，无"分"哪来的"合"。"天人合一"正是"天人相分"的发生与延续，两者须臾不离。因此，提倡的"天人合一"思想既需要关注天与人相同的一面，也需要关注天与人不同的一面，我们应当做的就是全面分析，辩证看待。

伴随着马克思主义在中国的传播，主张无神论的科学思想逐渐成为人类的共识。然则，主宰之天与自然之天只是"天"内容的不同体现。因此，作为精神层面的主宰之天势必与作为物质层面的自然之天相互联系。哪怕现代社会关注天人关系，落脚点在人与自然的关系这一命题上，也并不妨碍我们对传统"天人合一"思想中人与主宰之天的关系加以认识。况且，人的思想是在不断进步的，人们对"天"的认识也是循序渐进的，历史告诉我们先有了对"主宰之天"的崇拜，才有了对"自然之天"的认识。需要注意的是，人与自然并非"天人合一"的全部内涵，许多学者针对"天人合一"在中医养生、建筑艺术、书法音乐、文学戏剧等方面的内涵也进行过深刻的论述。但不可否认的一点是，最具价值、最多探讨的还是"天人合一"所蕴含的生态观。总而言之，"天人合一"告诉我们在追求"合一"的过程中，要将自然万物中的小我重新放回自然界，只有把自己当作与自然界不可分割的有机整体，才会明白善待万物就是善待自己。

"天人合一"是中国古代传统哲学思想的重要内容。"天人合一"的主要范畴是"天""地""人"之间的关系问题，"天"代表真理、法则，主要倡导天、地、人之间要达到和谐统一，不能破坏和违背大自然的固有规律，要以尊重的态度对待大自然。顺应大自然的客观法则和内在规律，才能更好地实现自然发展、社会发展以及人自身的发展。不然，人们将会面临来自大自然的惩罚。儒家还主张"仁者爱人"，即要以仁者爱人之心解决好人与人、人与社会、人与自然之间的关系问题，以己度人，以己达人，更好地实现人与人之间的和谐、社会稳定、自然良好发展。"天人合一"就是要与先天的本性相合，回归大道，又包含了政治、自然、理想。"天人合一"思想对当今社会和谐发展具有非常重要的意义。"天人合一"思想体现了一种整体性和协调性，应保持平衡的发展格局。

我国传统文化中"天人合一"的思想，是以承认人与自然差异性存在为基础的对人与自然既对立又统一的关系的深刻认识。这其中既包含了人为天地所化育，应众生平等、仁爱万物的人类生存大智慧，又包含了人道与天道相通以及人地合一、天地合一并进而体认与追随"天道"的实现，从而将"生生不息"的本体论原理转化为"赞天地之化育"的价值原理。这种价值原理深刻阐明了"天人合一"的思想精髓和可行的实现路径。与此同时，"天人合一"思想又传达着一种遵循天道，追求人与自然和谐相处、和谐统一的观念，这从古人所强调的"合于天时"中即可看出。因此，我国传统文化中的"天人合一""生生不息"的思想，主张从整体来思考和处理人与自然之间的关系，主张人与自然的共存共生、民胞物与、和谐相处，这无疑具有重要的启示意义。当然，"天人合一"的思想作为我国绵延数千年的主导文化思想，其在自身发展过程中既有有益的内涵，也有芜杂的内容。然而，其显示出的对于主客体之间关系的理性思考，人与自然的内在统一关系，以及由此而实现的天道与人道的统一，无疑对于当前的生态文明建设具有重要启示意义。

在新的时代背景下，构建新型国际关系所内蕴的绿色发展观不仅传承了传统"天人合一"所蕴含的尊重自然、爱护自然、人与自然和谐相处等思想精髓，亦实现了对传统"天人合一"思想的时代传承和创新发展。这体现在：一方面，绿色发展观吸收了"天人合一"的智慧与精华，持续关注人与自身、人与自然、人与社会的长久和谐与良性互动，并在此基础上确立起人类既是发展空间的享有者又是责任承担者的天人观。这种天人观摒弃了传统社会对于自然之天和神性之天的盲目崇拜，而以人类命运共同体理念的倡导理性对待人与自然的关系，这其中既蕴含着从认识论视角将人类作为有机的命运整体并尊重和敬畏自然，又包含着从具体方法论视角正确处理人与自然的关系，从而积极主张建立绿色低碳经济，以维护世界可持续发展。另一方面，绿色发展观不仅延续了先哲对于"天人"关系的德性思考，又主张各个国家应承担起不同的国际责任，努力探寻绿色发展道路。

绿色发展观亦注重人类社会发展的经济价值。绿色发展将为人类发展提供丰富的机会，可以"让资源变资产、资金变股金、农民变股东"，保障未来经济可持续发展，且"良好的生态环境是最普惠的民生福祉"，因而绿色发展经济体更是一种覆盖人类整体的公共产品，其将为人类未来更舒适的生活提供基础保障。绿色发展观作为实现人类命运共同体的重要环节和基础保障，不仅是在全球范围内对如何处理人与自然关系的理性应答，亦是对中华民族"天人合一"思想精髓和文明精神的时代传承与发展。

二、以人为本、民惟邦本的民本精神

《尚书·五子之歌》中载："民惟邦本，本固邦宁。"意思就是说，人民是国家的基石，人民群众得到稳定保障，国家才能稳定繁荣。"民"是指人民，"邦"是指国家。人民是国家的根本，根基稳固，国家才能蓬勃向上发展，从此处就可以看到民心对一个国家的巨大影响。《孟子》认为，"民为贵，社稷次之，君为轻"，意思是说国民的社会性和权利是无法撼动的。一切政治权力和政治制度，从根本上来看，都是来源于百姓、治于百姓、为了百姓。一个国家，自然要有政治体制，当然也要有法律。但制度也好、法律也罢，都最终来自民众、是为了服务人民而制定的，故社稷的战略地位次于民。相对于民众和社稷而言，国君的地位又是次一级的。因为国君的地位和权力都是由民众所赋予的，而没有民众也就没有了国君，所以，国君的地位也就无法与人民相比。当前，国家也非常重视人民的权益，以民为本，从群众中来，到群众中去，不能脱离人民群众。人民和国家之间不可分离，人民是国家的人民，国家是人民的国家。

中国传统民本思想萌发于夏商，形成于周初，在春秋战国时期走向兴盛，此后传承中国后世两千多年。在《礼记·表记》中不仅阐述了夏商周时期统治的变迁，也概括了"民"的基本情况和地位变迁。夏朝是我国第一个王朝，也是阶级社会的开端，于是就形成了"遵命"。在孙希旦《礼记集解》谓"遵命，谓尊上之政教也"，即以统治者的政教和命令为尊。"专以人道为教"，在这个时候的"民"比较难统治，统治者为与"民"更加亲近，便给人民提供利益，但从人民手中索取一定利益以巩固统治地位。在周代为保障政权的运行，出现了何者为"本"的问题，此时，中国"以民为本"的思想才真正开始发展。

真正形成"民本"一词是在《尚书·五子之歌》中，其一曰："皇祖有训，民可近，不可下。民惟邦本，本固邦宁。"这是皇祖大禹告诫子孙后代，国家要安宁稳固就要对民亲近，不能疏远，人民才是国家的根本。只有"民"得到安定了，国家才能雍和太平。这是中国民本思想的源头，主要表达了民众对国家稳定的重要作用。此后，孟子提出了"民为贵，社稷次之，君为轻"的哲学思想，再次肯定了民的地位。荀子提出"君者，舟也；庶人者，水也。水则载舟，水则覆舟"。《淮南子·泰族训》有根基之喻："国主之有民者，犹城之有基，木之有根。根深则本固，基美则上宁。"荀子充分阐释了民众对国家和社会所蕴含的重大作用和巨大力量。

我国"以人民为中心"的执政理念继承和丰富了重民、敬民、爱民、利民的核心内涵。重民体现在我国对人民发展的重视；敬民则体现在尊重人民的创造性、自觉性，更尊重民之所得、民之所愿；爱民体现在对人民的关切，满足人民物质、精神层面的需要；利民体现在一切发展、一切执政工作、一切制度体系的建设都站在人民利益的立场，把实现人民富裕作为治理体系中必先考虑的问题，如《管子·治国》中所言："凡治国之道，必先富民。"国家治理的关键是让人民群众富裕，民富了才能国强，民富为国富的基石。

"以人民为中心"的执政理念以优秀传统民本思想作为理论源头之一，在新的时代充分彰显了重民、敬民、爱民的哲学表达和实践要求。

传统民本思想有不彻底性，在封建帝王的认知里，"民"不可能推动社会历史前进，也不是真正促进国家发展的主体力量。在封建统治的君民阶级中，广大民众所愿的、所盼的根本利益与上层统治阶级存在一定的冲突。民本思想在封建社会里一直都有被呼唤和重视，但是从未真正地实现过。封建传统民本思想更多地停留在了道德层面，"民"对君有过高的期望，在贯彻践行民本思想的过程中缺少法律和制度的支撑。

封建传统民本思想更多的是服务君本思想，在统治的过程中，民本与君本是同时存在的。封建社会的民本思想是不彻底的，它是君主用来维护和巩固自身的执政地位，缓和与被统治者间矛盾的手段。自马克思主义来到中国，唯物史观中所呈现的"以人民为中心"的思想与我国的民本思想产生了理论共鸣，我国民本思想突破了封建牢笼得到了真正的释放。毛泽东首次提出的"全心全意为人民服务"是对传统民本思想的创造性超越，它是以马克思主义理论作为最强支撑，传统民本思想与马克思主义群众史观产生了共鸣。传统民本思想不再是统治阶级用来巩固自身统治的手段，而是真正地转向"人民当家作主"。民本思想民主化，党与人民群众更加亲近和紧密。

灵活运用传统民本思想，将其融入我国的执政理念中，与唯物史观紧密结合，筑就了民主协商制度，并落实到党的政治生活中，让民本思想制度化、程序化、理论化、现实化。我国紧密结合新时代人民发展情况，提出一系列战略性的决策和目标，将决策、制度民主化，确保人民能够真正当家作主，加快民生保障、民生建设，这彰显了对民生的关切，心系天下、为广大人民群众谋福祉的价值诉求，是对传统民本思想的辩证性继承和创新性超越。

传统民本思想虽然有"重民""爱民""亲民""利民"等方面的民本内涵，但本质上是封建统治者为了更好地巩固自身地位而确立的，"为民"是封建统治的手段，巩固自身地位和政权才是目的。因此"为民""重民""爱民""亲民""利民"在封建时期是用来"治民"的手段，而中国当代的民主思想是"以人民为本"，是"为民""重民""爱民""亲民""利民"的深化体现。我国"立党为公，执政为民"的思想延续了民本思想的理论基因，是我国在新时代中践行民主政治的基本需要，对优秀传统民本思想来说，具有与时俱进的特点。现代民主政治为人民谋福利、谋发展，服务于人民，人民群众才是国家真正的主人。

三、自强不息、刚健有为的进取精神

自强不息、刚健有为的进取精神是中国传统文化的基本精神之一，是中华民族几千年来熔铸成的民族精神。正是这种精神，使中华民族历尽沧桑而不衰，备受磨难而更强，豪迈地立于世界民族之林。

"自强"一词在《汉语大辞典》中解释为依靠自己的力量奋发图强，因此又

称作"自彊"。《史记·留侯世家》记载:"上虽苦,为妻子自强。"鲁迅也曾说过:"此亦赖夫勇猛无畏之人,独立自强,去离尘垢,排舆言而弗沦于俗囿者也。"可见,自强意为积极前进。"天行健,君子以自强不息"出自《周易》,这句话的意思是君子应努力向上,不能有丝毫的松懈。天体的运动是生生不已、永不停歇的,人的活动也应效仿天,在尊重客观规律的前提下,充分发挥自己的主观能动性。从先秦到近代,无数仁人志士把进取精神内化为自己的道德修养,并将其作为激励自己前进的动力。《史记·太史公自序》载:"西伯拘羑里,演《周易》;孔子厄陈蔡,作《春秋》;屈原放逐,著《离骚》;左丘失明,厥有《国语》;孙子膑脚,而论《兵法》;不韦迁蜀,世传《吕览》;韩非囚秦,《说难》《孤愤》;《诗》三百篇,大抵圣贤发愤之所为作也。"可见,即使遭遇挫折和打击,仍毁灭不了先贤百折不挠的精神和矢志不移的意志。站在国家角度看,我们中华民族始终向世界展现出一种自强不息的精神风貌,中国已经在实现中华民族伟大复兴的道路上扬帆起航,短短时间内中国发展速度之快为世界所惊叹,归根结底,要归功于我们中国人民身上自强不息的积极进取精神以及百折不挠的坚韧品质。

自强不息精神的内容主要包括:奋发有为、意志坚强、艰苦奋斗以及开拓进取。它孕育了中华儿女发愤图强、持之以恒的精神品质,形成了中华民族顽强拼搏、积极进取的人生态度。自强不息也是儒家所崇尚的精神之一,关于自强,孔子、孟子和荀子皆有论述。孔子曰:"其为人也,发愤忘食,乐以忘忧,不知老之将至云尔。"荀子也说:"君子敬其在己者,而不慕其在天者。"自强不息的积极进取精神有助于培养自强拼搏、敢于突破自我的精神品质。

"刚健"更是带有鲜明的人格特征。"刚"字在甲骨文时代,是由"网"和"刀"两部分组合而成,本义为锋利。经过了金文、篆文、隶字、楷书的变迁,"刚"的字形也发生了变化,最终形成简体的字形"刚"。单从"刚"字的字形变化来研究,便可以看出中华民族在远古时代为了求生,与严酷的大自然搏斗的情景,从而充分展现出中华民族坚韧不拔的品质。"健"字分为"人"和"建"两部分,"建"字所代表的就是建筑地基的坚实,整体代表的是人像地基一样稳固,衍生为强壮。组合起来,"刚健有为"体现的是坚韧不拔、不断奋斗的人格内涵,主张自强不息、有所作为的价值追求。

自强不息、刚健有为的人文精神是中国优秀传统文化的重要内容，象征着独立自主、不断奋斗的价值观。《礼记》发出"士可杀不可辱"的呼号；孔子年轻时周游列国屡屡碰壁，却仍然能够说出"发愤忘食，乐以忘忧，不知老之将至云尔"的豪言壮语；孟子也以"富贵不能淫，贫贱不能移，威武不能屈，此之谓大丈夫"来进一步表达和阐释"自强"精神的基本行为标准；屈原虽被放逐，仍有传世之作《离骚》；孙子被削去膝盖骨，仍自强不息，最终留下《孙子兵法》；韩非虽被囚于秦朝，仍坚强不屈，通过《孤愤》表达自己孤立之势和悲愤的心情。这些历史人物的经历充分显示出自强不息、不畏生死的民族精神。直到今天，"自强不息，刚健有为"仍然是无数中国人的人生追求。《孟子·告子下》讲："故天将降大任于是人也，先必苦其心志，劳其筋骨，饿其体肤，空乏其身，行拂乱其所为，所以动心忍性，曾益其所不能。"这是告诫人们若想取得成功，需要经受住外部施加的压迫与考验。只有保持自强刚健的性格情操，方可承担大任。

自强不息、刚健有为的进取精神不仅表现在个人困惑之时，而且在国家危难之际，也会成为激励人们起来反抗侵略、反抗压迫的强大精神。刚健有为、自强不息的进取精神，增强了民族的向心力，培育了一代又一代有为的华夏儿女。

四、以和为贵、和而不同的和谐精神

（一）"和"文化

"和"文化是中华民族的瑰宝，是根植于中国人民血液里的精神基因。中国传统"和"文化历经千年历史沉淀，以绵延不息的姿态，正当其时地登上历史舞台，散发出独特的魅力。"和谐"是中国传统"和"文化的核心理念，"和谐"思想为世界各国人民所认同。中国传统"和"文化有能力在全人类爱好和平力量的努力下化解冲突和矛盾，"和"文化蕴含的"协和万邦""和而不同""天人合一"等价值理念是化解全球性挑战的有力武器。

1. 中国传统"和"文化的萌芽

中国传统"和"文化萌芽于上古时期。"和"字在上古时期的典籍中很常见。如在《易经》《尚书》《诗经》中均有关于"和"字的论述，《中孚》爻辞"九二，鹤鸣在阴，其子和之"，《尚书·尧典》中的"百姓昭明，协和万邦"，《诗经·郑风·萚兮》中的"叔兮伯兮，倡予和女"等，都属于与"和"有关的最早记录。"和"字的字义总体来说是慢慢演化而来的。如《中孚》记载的"鸣鹤在阴，其子和之"与《诗经·郑风·萚兮》中的"叔兮伯兮，倡予和女"的"和"字意思相同，都是指声音应和，一方唱鸣，另一方应和之。一声应和是为相应，诸声应和即是和谐。如《国语·周语下》记载的"声应相保曰和"则是指多种乐器相和。《尚书·舜典》记载的"八音克谐，无相夺伦，神人以和"中的"和"字，亦是指音律和谐。

随着社会的发展变迁，"和"字的含义越来越丰富，不仅指称声音、音乐的和谐，还包含美食、人际关系等多个方面的和谐。如《尚书·说命》与《诗经·商颂·列祖》中的"和羹"一词，便是指味美之汤，体现美食之"和"。关于人际关系的和谐，如《诗经·常棣》中的"兄弟既具，和乐且孺""兄弟既翕，和乐且湛"两句，意为兄弟间关系和睦，和谐欢乐。而《尚书·尧典》中所记载的"百姓昭明，协和万邦"，则是指不同民族和国家之间关系的和谐。

综上可知，"和"字在上古时期的含义为和谐、和平、调和，由最初的声音相应，到诸声相和；由人与人之间的和睦关系，到国家与国家之间的和谐关系，体现了"和"字的字义是一步步演化而来的。在此之后，"和"字的含义更为丰富，它根植于中华民族的血液之中，代代相传。

2.中国传统"和"文化的发展

春秋战国时代，社会结构瞬息万变，社会矛盾尖锐，土地兼并与战乱接连不断，思想文化交流空前活跃。在此期间，中国出现了百家争鸣的学术繁荣局面。这一时期思想家们对"和"文化的代表性论述，构成了中国传统"和"文化的理论体系和基石，揭示了"和"文化的发展。

（1）儒家代表人物关于"和"文化的经典论述

儒家创始人孔子长期饱受战乱和社会动荡之苦，深切希望国家富强和社会安定。他对"和"文化有着独到的见解，并形成了独树一帜的思想体系。在《论语·颜渊》中，孔子主张"爱人"，这体现了孔子追求"仁"的思想。他在《论语·学而》中阐释了"泛爱众"的观念，提出："弟子入则孝，出则悌，谨而信，泛爱众，而亲仁。"孔子所提倡的"泛爱众"思想，即是通过人与人之间普遍而广泛的"爱"来促进社会的和谐。他主张人们应该把血缘亲情在社会中拓展开来，如果每个人都能把其他人当作自己的亲人一样去关爱对待，将能够实现"仁"，社会自然也就会形成和谐的景象。他还关注到财物的分配公平与否，也会影响社会的安定，认为："盖均无贫，和无寡，安无倾。"均，即平等、公平；和，和睦、和谐；寡，人少；倾，倾覆。意思是说如果从公平合理的角度来分配财物，就不存在贫穷；多方和睦，就不必担心出现人口少的现象；有着长期安定的社会，国家就不会存在倾覆的危险。孔子提倡实行仁政，以仁、义、礼、智、信来教育人民，追求"天下大同"的社会理想。

在处理人际关系方面，孔子在《论语·子路》中强调"君子和而不同，小人同而不和"。即君子善于处理与自己观点不同的思想，在尊重不同观点的基础上谋求"和"，从而达到互补、和谐的状态。小人的做法则有所不同，他不能容纳与自己不同的观点，或是对别人的观点盲目趋从，排斥差异，导致走向片面。孔子把"和"与"同"当作区分君子和小人的重要标准，从而将"和同之辩"提升至人格的高度，在史伯和晏婴"和同"论的基础上进一步深化拓展其含义，具有十分重要的理论价值。孔子谈"和"，还体现在他将人类社会与人类赖以生存的宇宙贯通起来，将二者视为一个整体，追求"天人合一"的崇高境界。孔子认为，人不能违逆养育四时万物的"天"，违逆就是不和，但"天"的规律是可以被人所认识与利用的。对于人而言，"天"很大，不能违背"天"的规律，要对"天"怀有敬畏之心，正所谓"畏天命"。如果人类在发展的过程中不能尊重自然，甚至为了自身利益而破坏自然，就会冒犯自然，最终必然会受到自然的"惩罚"，到时候，后悔也是苍白无力的。因此，人类需在敬畏自然的前提下，探索、理解、掌握和利用自然的客观规律，从而为自己谋求福祉。儒家思想中不乏关心生命的论述，例如，孔子提倡保护动物，反对人类涸泽而渔、饮鸩止渴式地贪婪索取大自然。儒家认为，人类与自然是有机结合的整体，并追求人与自然之间的和谐。

儒家另一位重要的代表人物孟子，也提出了许多关于"和"文化的代表性论述。如他提出："天时不如地利，地利不如人和。"这是人们了解"和"思想的经典名句。这句话强调，要完成任何事情，最重要的是人与人之间的和谐与合作。

孟子将"人和"置于"天时"与"地利"之上，强调人与人之间团结合作、和谐相处的重要性，这也是孟子对"和谐"的精辟诠释。

此外，《孟子·梁惠王上》提出："老吾老，以及人之老；幼吾幼，以及人之幼。"即在赡养与孝敬自己的长辈之时，也应同样关爱与自己没有血缘关系的其他长辈，以同等态度待之；在教育抚养自己的孩子之时，也应关怀与自己无亲缘关系的其他孩子。这实际上描绘了一幅人与人之间相互关心关爱的和谐社会景象。孟子所设想的社会和谐，是通过推行"仁政"来实现的。而他所言之"仁政"，其本质就是遵循"王道"。在《孟子·梁惠王下》中，孟子对"王道"做出了解释："乐民之乐者，民亦乐其乐；忧民之忧者，民亦忧其忧。乐以天下，忧以天下，然而不王者，未之有也。"按照他的思想，君主应该关心人民，真正做到乐民之所乐，为人民的忧虑而担忧，这样才能君民和睦相处，社会才能保持稳定，天下才能赢得太平。

除了孔子、孟子提出的关于"和"文化的代表性论述，还有荀子关于"和"的独特思想。《荀子·礼论》中有"天地合而万物生，阴阳接而变化起，性伪合而天下治"的记载，意为天地处于和谐状态而产生世间万物，阴阳结合则能改变世界，人自身的本性结合后天的礼仪，能够治理天下。《荀子·王制》中提到的"义以分则和，和则一，一则多力，多力则强，强则胜物"，即是说事物虽有分别，但如果分得适宜则能达到和谐，"和"就是协调不同的事物达到统一，统一就有力量，力量足够强大才能胜过外物。无论是孔子提出的"君子和而不同，小人同而不和""盖均无贫，和无寡，安无倾"，还是孟子提出的"天时不如地利，地利不如人和"，或是荀子的"天地合而万物生，阴阳接而变化起，性伪合而天下治"，都体现了儒家对于"和"文化的重视，表明了儒家学派对"和谐"理念的不懈追求。

（2）道家代表人物关于"和"文化的经典论述

道家代表人物老子，关于"和"也提出了具有深远启示意义的重要思想。《道德经》是道家思想的重要来源，文意深奥广博。其中，有"人法地，地法天，天法道，道法自然"的著名论述，认为人需要在顺应自然的基础上处理自身与万物的关系，在顺应自然规律的前提下处理人与人之间的关系，从而在天地万物之间寻求一种平衡，保持和谐的状态。

老子所倡导的"道"，是对自然和人类社会都具有主导作用的法则。按照老子的思想，由于道的调节，顺应自然，才能达到和谐的境界。老子反对逆道而行，主张维护"长短相形，高下相倾，音声相和，前后相随"，即长短相映，高低相得益彰，音与音相协调，前后相顺的自然状态。老子认为，和谐应该是阴阳碰撞、激荡而产生的状态。《道德经·第四十二章》中提出"万物负阴而抱阳，冲气以为和"的观点，认为和是宇宙万物的本质，是宇宙万物存在的基础。

老子还在《道德经》中描绘了他理想中的社会和谐图景：理想的国家是一个人口稀少、没有冲突和纷争的小国，有武器也不需要武器，没有严酷的刑罚和暴政，人们也不需要冒着生命危险搬到遥远的地方。即使有船只和马车，也没有乘坐的必要。即使有盔甲也没有将其展示出来的机会。人们依旧采用结绳记事的方法。每个人恬淡怡然，知足常乐，即使吃的是粗粮，依然觉得甘甜美味。穿着的虽是破旧的衣服，也依然觉得美丽。住处虽然简陋，但觉得舒适安心。人们按照自己的习俗过日子，感到很幸福。在他看来，国不用大，人不用多，百姓不需要用武，不必劳心费力迁徙，人人不用担心吃穿，家家安居乐业，国家之间彼此相安无事，这就是"和谐"。

庄子是道家学说的主要创始人之一，他继承并发展了老子的主要思想。庄子在《庄子·天运》中有"四时迭起，万物循生。一盛一衰，文武伦经；一清一浊，阴阳调和，流光其声"的论述，即四时更替，万物随之而变，生生不息，繁盛又凋零，春的生机和秋的肃杀都在有条不紊地变化着。时清时浊，阴阳交融，相映生辉。阴阳调和生万物，这是庄子对于有始、无始的追究的回应。只要领悟了万物之中蕴含的这种和谐的道理，就能体会到无限快乐。

庄子在《庄子·天道》中说："夫明白于天地之德者，此之谓大本大宗。与天和者也，所以均调天下，与人和者也。与人和者，谓之人乐；与天和者，谓之天乐。"认为懂得天地无为的规律，就能称作已把握根本，成为顺应自然的人，以此在万物中寻求平衡。顺应人的感情，便能成为与他人、与社会和谐相处的人。和谐是万物转化的基础，也是天乐和人类幸福的基础。

（3）墨家代表人物关于"和"文化的经典论述

墨家学派创始人墨子，关于"和"的思想主要体现在"兼相爱，交相利"的主张中。他在《墨子·兼爱》中指出："若使天下兼相爱，国与国不相攻，家与家不相乱，盗贼亡有，君臣父子皆能孝慈。若此则天下治。""天下治"建立在"兼相爱"的基础之上。如果人们不能彼此关爱宽容，遇事斤斤计较，社会则无法和谐。在国家的交往层面，国家间如果为了利益冲突爆发战争，则会导致天下生灵涂炭。由此，墨子竭力提倡"兼爱、非攻、和平"，主张社会要有和平的环境。墨子所主张的"非攻"，并不等于"非战"，而是反对侵略战争，认为侵略战争本质上是祸国殃民的不当行为，不仅使得农时荒废，还会摧毁城郭与庄稼。墨子主张倡导和平和谐的理念，并亲自践行，先后三次止齐攻鲁、止楚攻宋、止鲁攻宋。

《墨子·尚同》中说："内之父子兄弟作怨仇，皆有离散之心，不能相和合。"虽然父子或兄弟之间存在仇怨，但通过"和合"能够消除彼此之间的怨恨与隔阂，父子仍然是父子，兄弟仍然是兄弟。如果不能明白"和合"的道理，父子兄弟在家里互相结下仇怨，互相伤害，延伸到天下百姓，也互相伤害，国家就会分裂和毁灭。由此可见，和谐思想能使家庭和社会群体凝聚在一起，形成一个无法分割的有机整体。君臣之间能"和合"，国家则能富强。和谐是社会稳定的调节器，社会动荡正是因为没有达到和谐。

由上可见，在先秦时期，中国传统"和"文化是通过各学派的争论不断发展的。儒家学派提倡"和"，主张推行仁政和德政，并认为人人都能通过自身的修行，提高个人的道德修养来达到社会和谐的局面。道家认为人应效法自然，遵循自然运行的规律以实现整体的和谐统一状态。墨家倡导和平、和谐的理念，强调人与社会、国与国之间应和平相处，用"和合"观念抹去仇怨来达到和谐的局面。中国古代先贤对自然界和人类社会中存在的现象进行了大量的观察和探索，提出了关于"和"文化的独特见解，对"和"文化理念进行了归纳概括。在此过程中，中国传统"和"文化得以产生、发展和传播，逐渐成为中国人民普遍认同的价值观念。

3. 中国传统"和"文化的现代内涵

中国人自古以来就崇尚中庸之道，追求和合，这体现了一种顾全大局的理念。大至一个国家、一个民族，小到一个家庭，最好的局面就是国家和谐、家庭和睦，最可贵的局面就是人与自然和谐共处，实现生态和谐。和谐是一个国家稳定发展的前提条件，也是发展的最终目的，因此和谐被作为国家价值层面写入我国核心价值观中。千百年来，人们一直在追求"和"、倡导"和"，由此衍生出许多关于"和"的俗语和成语，如政通人和、邻里一团和气、家和万事兴等都体现了儒家的和谐思想。《论语》中孔子讲"君子和而不同，小人同而不和"，表达的目的就是主张和谐、和睦相处。儒家文化中的和谐不仅体现在国家与社会层面，也反映在个人道德修养层面。这种思想对当代人提升自身道德修养，保持自身内外的和谐，不断发展和完善自我等方面提供了思想理论指引。

中国传统"和"文化是"和"的思想、思维、价值观和方法论的总和。"和"文化博大精深，源远流长，具有很强的包容性与整合性，揭示了世间万物的本质应该是"和"。中国传统"和"文化的内涵十分丰富，就其涵盖的范围而言，"和"文化包含许多方面，不仅包括天人之和、宇宙之和，还包括人际之和以及身心内外之和。"和"文化中蕴含着"天人合一"的哲学理念，认为世间万物都遵循着一定的规律，人之本质与自然之本质存在内在联结，和谐本真的自然吸引与接纳人的复归，共同构建和谐世界。

这一世界观所衍生的人生观认为，人应当努力挣脱消磨本真的现实生活的樊笼，进而解放人性、回归自然，正如道家思想所言，"万物与我为一"，认为人的本性在于自然，人应效法自然。儒家认为，实现人与自然的和谐统一是人修行的目的。人自身的良好德行是打开"天人合一"大门的钥匙。"人能弘道，非道弘人"，道依托于人的实践修行而得以确证、弘扬，人亦可通过修行来通晓生命本质，进而触及道的内核。修行对人的内在要求即是约束膨胀的欲望与无序的行为，提高道德水平，由内而外地建立一个自洽、有序的道德系统，继而推己及人、达到人与人之间的和谐状态。于是人与自然、人与人之间得以和谐共生、浑然一体。

就其精神实质而言，中国传统"和"文化在价值观上主张"以和为贵"，这是与西方提倡的"竞争"文化的重要区别之一。西方文明建立在工业文明基础之上，主张竞争式思维，注重效率。在过去，这种思维对于促进社会进步的确具有优势，它可以进一步激发工人的生产潜能，大幅度提高生产力，从而推动经济的整体发展。但随着时代的进步发展，在这种思维主导下的国家、社会与民族，遵从"非此即彼"的狭隘性思想，忽视了与其他国家共同探索、互相帮助、共同进步的可能性，从而阻碍国家与社会的进一步发展。中国传统"和"文化则蕴含"和而不同"的辩证思维，既承认一分为二，又重视合二而一，既不否认对立的存在，又重视把对立转化成非对抗性，通过协调来达到二者之间的和谐，追求"天下为公""世界大同"的理想社会。在理想社会中，国家之间没有隔阂，民族之间没有歧视，人与人平等共处，每个人都能在这个世界上拥有谋求生存与稳步前进的空间和力量，依照自己内心的真实想法去生活。从这个意义上来说，古人所追寻的理想社会和马克思所设想的每个人自由而全面发展的共产主义社会存在着高度的契合之处。

（二）和合精神

和合精神是中华民族原创性的思想智慧和独特的文化基因，是中华儿女生生不息的美好追寻和理想境界。据文献记载，和合的直接表述较早见于《国语·郑语》："商契能和合五教，以保于百姓者也。"这里的和合有规范和调节之意。西周末年，史伯曾提出："夫和实生物，同则不继。以他平他谓之和，故能丰长而物归之，若以同裨同，尽乃弃矣。"这里阐释了和合精神的精髓，即和合是以相异之物为基础协调并进，事物的发展只能是差异性的统一，而若都是相同的事物，反而会压制事物的生命力。与史伯持相同观点的还有春秋时期的晏婴，晏婴阐明了"和而不同""同则不济"的道理。若从政治层面讲，晏婴这里涵盖之意为：君主应听取臣子之意见，使之决策完善，而臣子若发现君主决策有问题，应直言进谏，改正其不好的方面，这样国家才能治理好。若臣子唯唯诺诺，始终依随君主的意见，人云亦云，那就没有进步。而后孔子延续这一思想，正式提出"君子和而不同，小人同而不和"的"和而不同"的哲学命题，再次强调了和谐为差异性存在，有矛盾和差异才能和谐与和合的道理。与此同时，和合的观念在《周易》中亦得到大力发扬。在《周易》中有"一阴一阳之谓道"的说法，认为这是八卦构筑的和合体系，唯有阴阳调和，才能化生万物。《周易》强调"保合太和"，认为"履，和之至也，履和而至，履以和行"。"和"对于世间万物和世界秩序具有重要意义，而"太和"就是人们所追求的理想境界。

而从哲学角度来看，儒家的"致中和"既强调两极相分，又强调两极相合，并认为"致中和"才能"天地位焉，万物育焉"，从而将"和合"的哲学命题提升到全新境界。在此哲学命题基础上，老子所讲的"知和曰常"，佛教所讲的"因缘和合"以及明代人讲的"知行合一"等，都与儒家这一哲学命题有异曲同工之处。概而言之，先秦诸子百家几乎都重视"和"的精神，注重万事万物差异性的统一、兼容并包、共生共存，由此达到一种和谐的状态。和合文化在长期发展中亦慢慢嵌入中华民族的骨髓，成为中华儿女的重要思想信仰和思维观念，对后世产生了深远影响。

古往今来，中国人不仅将和合精神作为思维观念和信仰追求，也注重将其落到实处。自汉代以来，封建王朝为了缓和民族和国家间的关系而常常采取"和亲"的形式，以保障边疆稳固和人民生活安定。明代的郑和下西洋也是秉持和平理念，所到之处不仅没有掠夺，还给这些地区带去了瓷器、丝绸、茶叶等丰富的物产。新中国成立后不久就在"万隆会议"上提出"和平共处五项原则"，并以此作为处理国际事务的基本原则，主张国家间通过对话协商来解决国际争端，向世界传达了中国绝无侵犯他国和称霸的野心。

和合精神作为中国传统文化的重要价值理念之一，其涉及自然、社会、个人和外交等各个层面，经过不断发展而成为中华民族独特的文化基因和价值标识。在新的历史时期，我国在推动构建新型国际关系中，将和合精神与和谐精神作为中国传统文化的思想精髓和原创性智慧而加以重视，结合新的时代特征和国家间交往现状，生动阐释了其内蕴的以和为贵的处世智慧、协和万邦的政治智慧、和而不同的交往智慧以及天人合一的生态智慧，并将其运用到国际关系和对外交往领域，实现了对传统文化中和合精神的吸纳传承与时代演绎。

在中国传统文化中，"以和为贵"精神源自孔子的"礼之用，和为贵，先王之道，斯为美"。意为礼之运用，贵在能和，主张以礼来促进人与人之间的关系和谐。后来这一思想经不断发展而逐渐嵌入中华民族的精神世界，成为人与自然、人与社会、人与自身以及国与国之间相处的重要价值理念和道德准则。

综合来看，唯有"以和为贵"，"和气生财"的经济意义以及"和而不同"的交往意义等才能得以实现，因而"以和为贵"的精神展现出了我国古人的思想智慧。

"和而不同"是古代先贤对于事物发展规律的理性探求，是中华民族的重要文化理念之一。早在《尚书·尧典》中就有"八音克谐，无相夺伦，神人以和"的说法。这里表达的"和"指的是音律、神人关系以及邦国之间关系的协调有序。在春秋时代，齐国的晏婴在回答齐景公对话时以汤和音乐作比，认为"和"乃不同成分之间的合理搭配，只有一种味道的汤或者一种音调的声音都不好，并借此劝诫国君应听取多方建议，防止独断专行。后来，孔子直接提出"君子和而不同，小人同而不和"的思想，这是对"和而不同"思想的延续和发展。在孔子看来，君子尊重差异，是为"和而不同"，而小人孤偏好斗，是为"同而不和"，从而进一步阐明"和而不同"所蕴含的差异性统一的道理。在中华民族历史中，在差异中求和谐，在多元中求共生，亦受到了古代先贤的推崇和赞赏。在新的时代背景下，我国自觉吸收古代帝王先贤"和而不同"思想的智慧和精神，多次强调要尊重人类文明多样性，并在此基础上进一步提出"聚同化异"的时代理念和文明交流互鉴观，从而给予传统和同之辩以时代应答。

构建新型国际关系中内在蕴含的文明交流互鉴观，其对传统"和而不同"价值理念的吸纳发展具体体现在如下两个方面：

第一，继承了"和而不同"理念中蕴含的尊重差异，重视人类文明多样性的思想精髓。文明没有高低优劣之分，只有特色和地域之别，因而我们应以包容开放的心态促进和而不同、兼收并蓄、美人之美、美美与共的文明交流。与此同时，文明多样性不应成为冲突的根源，而应是各国互相交流、消弭误解、增进友谊的桥梁。各国应在尊重自身文明遗产和风格特征的同时，积极吸收外来有益要素和时代精华，激发自身文明活力，从而使自身文明既符合时代特征而又凸显民族特色，在与其他文明交流互鉴中实现创新发展。可以看到，文明交流互鉴观蕴含着将人类文明作为一个有机生命体而存在，主张"以文明交流超越文明隔阂，以文明互鉴超越文明冲突，以文明共存超越文明优越"。唯有不断吸收外来养料，才能不断发展自己，也唯有不断交流互鉴，才能"以他平他谓之和"，共同维护地区和世界的和平稳定。因此，文明交流互鉴观作为构建新型国际关系的内在要义，既传承了传统"和而不同""同则不济"的尊重文明差异的精神，又结合新的时代背景，赋予文明交流、文明互鉴以美人之美、美美与共的时代内涵，实现了对传统"和而不同"精神的延续发展。

第二，在重视"和而不同"以尊重人类文明多样性基础上，文明交流互鉴观亦重视"聚同化异"，注重以人类共同价值来化解分歧，以推动文明的交流互鉴，从而实现对传统"和而不同"智慧的时代发展。具体而言，中国在国际舞台上致力于为世界人民提供和平、发展、公平、正义、民主等价值，这种共同价值的提出与倡导，则是在"求同存异"基础上寻求"聚同化异"的鲜明例证。相较于"求同存异"而言，"聚同化异"更凸显了"化"之魅力，即共同价值是在兼顾文化心理和社会条件基础上，致力于寻求国与国，国家、社会与个人之间价值追求的统一，旨在以文化的力量推进国与国之间的合作共赢，以独特的价值理念化解人类面临的突出问题，以此来推动人类的文明进步和维护世界的和平发展。与此同时，"聚同化异"与不加思考而选择的"趋同相异"，这里的"同"是在"求同存异"后而产生的"同"，是符合马克思主义辩证法的否定之否定规律而产生的更深层次意义上的"同"，与无差异的"同"有着本质的区别。因而我们可以认为，对于"聚同化异"理念的发展不仅体现在对人类文明因差异性统一而不断发展的哲学思考中，亦体现在其遵循"尊重—互鉴—聚同—化异—发展"的价值逻辑中，而在马克思主义否定之否定规律基础上产生的"同"以"化异"，不仅是实现"各美其美，美人之美，美美与共，天下大同"理想的有益探寻，亦是对中国古老"和而不同"交往智慧的时代发展。

（三）天人和谐

古代崇尚天地之道，尊天地为神明，认为人类属于大自然的一部分，应当尊重自然，与之和谐相处。孟子曾讲道，不违反农时，谷物就会吃不完；不用细密的网去捕捉鱼鳖，鱼鳖就会吃不完；按季节上山采伐林木，那树木就会砍不完。荀子也曾讲过，凡是有生事物，都能和睦共处、自由自在。先秦时期，"天人和谐"发展为"人人之合"。儒家用"礼之用，以和为贵"诠释了"和"的意义，将社会的法律制度同人互相融入，形成具有人情味的道德规范。此阶段，孟子的"和"有三层标准：一是心和，"存乎人者，莫良于眸子。眸子不能掩其恶。胸中正，则眸子瞭焉；胸中不正，则眸子眊焉"，指出心灵的不纯洁会导致生活的不和谐；二是观念和，"己欲立而立人，己欲达而达人"，指出人要有大格局，胸怀天下；三是和平，孟子曰"征之为言正也，各欲正己也，焉用战"，强调反对战争，各诸侯国应和睦相处。墨子从情感层面表达"和谐"的含义，主张"兼爱天下"，认为战争四起的根本原因在于"人不相爱"，即没有仁爱的情感，用"兼即仁矣，义矣"解释"和"，用"爱人，待周爱人，而后为爱人"表达"兼爱"的范围，以及提倡"爱"的平等性。

在中国传统文化中，儒家文化"贵和尚中"体现了鲜明的协调发展思想。"和"字包含着协调、和谐、团结等思想。"和谐"的基本含义是相处适当，和谐即人与自然界、人与人、人与社会、人与自己都要保持和谐。《论语》提出"以和为贵"，主张"和而不同""求同存异"，指的是事物之间的发展是既相互对立，又相互统一，不同事物之间既存在差异也存在相通之处，要和睦相处，不随便附和。同时，这是和谐共存的基本理念。不同差别之下的和谐，需要恰当的方式消除差异，尊重文明互通，资源共享，人人同心齐力。另外，这更是中国特色社会主义的本质属性。新中国成立以来，人民生活水平的提高表明，传统的和谐仍然是促进社会进步的主要因素。这也是中国特色社会主义各项事业发展的必需条件，实践证明我国和谐发展已取得举世瞩目的成就，因此，进步需要和谐，更需要去贯彻和执行。"和谐"是任何时期都必不可少的相处方式，它对经济社会继续向前不断发展发挥了不可忽略的重要性。最后，"和谐"在中国数千年历史传承中表明了它对社会稳定和进步有着十分重要的意义。中国历来讲究和谐，注重和谐。

（四）厚德中庸

厚德载物与自强不息相对应，《周易》中讲"地势坤，君子以厚德载物"，意思是作为君子应向大地学习，要涵养深厚的美德与品质，才能具有容载万物的胸襟。儒家先贤孔子也曾说："为政以德，譬如北辰，居其所而众星共之。"他又称，"德不孤，必有邻"，在儒家优秀传统文化中，德是君主治理国家、取得民心民力的主要方法，一个国家的人民德行深厚，必然有其他国家愿意与之结交。子曰："君子怀德，小人怀土。"孔子认为，一个人想要成为圣贤君子，德是必要也是首要的品质。

"厚德载物"意为君子的心胸要像天地一般，能够承载万物，塑造理想人格。社会历史环境，即自给自足的小农经济、宗亲血缘关系是"中庸"思想的社会土壤。儒家创始人孔子创立"中庸"，通过"君子欲而不贪""君子泰而不骄""君子威而不猛"阐述了"中庸"对"君子"人格塑造的一系列标准。子思受到孔子的影响，于《中庸》篇中说："喜怒哀乐之未发，谓之中；发而皆中节，谓之和。中也者，天下之大本也；和也者，天下之达道也。"此时对"中庸"的含义也有了更高的理解。其中所提到的"中和"也就是"中庸"，是君子遵循的一种恰好的道德准则，意为处事既不可太过，也不能达不到，更要学会管理自己的感情和情绪，不能因为自己感情和情绪的变化影响理性的判断能力和分析能力。汉代董仲舒将"中庸"自身化，认为"中庸思想"可大可小，小用使人安居乐业、颐养天年，大用则安邦定国、社会和谐，例如"王道之三纲"。因此，中庸思想就由奴隶社会的宗法礼治逐渐转变为封建伦理纲常。至宋代，儒学家对"中庸之道"加倍推崇，成为"天下之定理"，然后继续将"中庸"推向封建伦理。"男女有尊卑之序，夫妇有倡随之礼，此常理也。"虽然他们主张的中庸思想是当时社会必须遵循的人伦道德，是对人类生存强制性的行动准则，但也正是由于这样，才使得早期儒家的中庸思想逐渐走上了自己的反面。

中庸思想是儒家思想的核心观点。孔子就是中庸思想的倡导者。《中庸》强调天、地、人三者相互之间要协调发展。所谓中庸之道，就是以和谐的方式处理问题，折中调和地处理事物之间的问题，避免出现矛盾和纷争。中庸之道就是一种体现为尊重、温文尔雅、不偏不倚、适度、因地制宜、因时制宜的思想和方法。中庸最本质的特征就是整体的和谐，而和谐发展是人们追求的最终目标和生活状态。学习和运用中庸之道，可以揭示事物的本质规律和运行机制，有助于把握中国传统文化中对事物和世界内在本质的认识。事实上，在哲学中，中庸就是事物内在质与量的相互统一。事物只有在一定的范围内才能达到和谐。因此，和谐是指过犹不及，整体和谐是中庸之道的本质。"中庸"是中国传统文化思想，它讲究一种平衡，是协调好各方力量，恰到好处地处理各种问题，不偏向哪一方也不倚靠哪一方。同时，"中庸"也是做人做事的道德准则，更是一种礼仪规范要求。蕴含着中国传统文化的"中庸"思想，倡导人与人、人与社会、人与大自然和谐共处。

第三节　中国传统文化基本精神的功能

一、维系民族团结、国家统一的凝聚功能

中国传统文化基本精神的一个重要功能，是维系民族团结、国家统一的凝聚功能。中国传统文化基本精神具有全民性，体现了中华民族的共同心理素质，是整个民族精神面貌的体现。中国传统文化不仅具有坚韧的"内聚性"，还对外来的文化具有"拒异性"，这有力地维系着中华民族的存在，使中华民族免受异民族心理、精神的影响。

中国传统文化的"内聚性"和"拒异性"相结合，产生了对外来文化的强大消化力。中华民族共同的心理因素——浑厚、淳朴、崇尚气节和坚忍不拔，是在漫长的历史发展过程中形成的。中国传统文化基本精神具有维系民族团结、国家统一的凝聚功能，在民族处于危难时刻愈加明显。中国传统文化中庸尚和的精神，孕育了中华民族崇尚和谐统一的博大胸怀，坚持统一，反对分裂。中国传统文化对国家、社会的长治久安，发挥了十分重要的聚合作用。

二、培养健康人格、推动社会进步的激励功能

中国传统文化的基本精神是民族优秀文化传统的集中体现，对中华民族的每一个成员都有着强烈的激励功能，同时促进了社会的进步发展。中国传统文化基本精神反映了中国文化的发展方向，具有激发民族自尊心、自信心和民族自豪感的巨大作用，能够鼓舞人们前行。中国传统文化基本精神是维系中华民族共同心理和价值追求的思想纽带，是唤醒人们为民族统一、社会进步而英勇奋斗的精神源泉。

中国传统文化是中华民族的根和魂，它与我国的文化自信、文化安全密切相关，并作为一种无形的力量在日常生活中对人们的思维方式和行为习惯产生作用，悄无声息地影响着个人的品德修养、社会历史文明的演变、我国政治文明的发展。中国传统文化具有深厚的历史作用。传统文化包括了几千年历史形成发展的精神文化成果和物质文化产品。它在历史上推动了民族进步和社会发展，如礼文化、

法治文化、儒家思想文化有利于规范社会秩序，有利于稳定政治。五千年来，中国文化不断发展变化，随着历史的发展，一些积极向上的文化被中华民族所吸收传承。如在儒家的忠、孝、廉、耻、义等中心思想的熏陶下，中华民族团结一心，积极进取；如"以天下为己任"的爱国主义精神、"贵和尚中"的和谐精神、"勤劳勇敢"的奋斗精神等对每个时代的人都有着很大的影响。这些品质滋养、感染着我们，让我们的民族越来越团结。对优秀文化的学习，是我们的民族向前发展的一种需要，是我们的国家文化、文明发展的要求。

中国制造的发展需要我们对传统文化中的诚信思想进行现代阐发。诚信始终是中国传统文化当中的重要构成部分，"人而无信，不知其可也"，即人必须讲诚信，企业也必须讲诚信，否则人就不可能在社会上立足，企业之间就无法进行有效合作。所以，诚信是企业在市场经济条件下面对挑战的制胜法宝。

文化与经济互相渗透、互相促进，中国传统文化所具有的基本精神对于经济发展有推动作用。因此，对中国传统文化进行重新审视和借鉴，才能够更好地振兴和发展中国经济。随着现代化建设的进一步发展，人们逐渐认识到传统文化可以为经济发展提供强大的驱动力，这将给中国传统文化的现代转化提供新的机遇。

三、整合不同价值、开拓创新功能

整合不同的价值取向，熔铸成一个有机的统一体，使其在中国一体的文化格局中有所开拓创新，是中国传统文化基本精神的又一重要功能。中华民族的多元一体格局决定了中国传统文化也是在多元一体的格局下发展起来的。作为中国传统文化基本精神的诸多主体内容，在不同时期、不同地域发挥了不同的作用，使原有的诸多地域文化和不同阶层的文化整合创新。

中国传统文化有利于维护我国政治稳定，为当代治国理政提供借鉴。中国传统文化崇尚和谐，具有强大的包容性，这种"和而不同"的理念有利于我国与其他国家和平共处，有利于国内政治稳定，社会和谐稳定，人与社会、人与人之间和谐相处。继承发扬优秀传统文化，对文化事业和文化产业的发展具有导向和推动作用，是我们提升文化自信的重要动力，能进一步提升中国的文化软实力和综合国力。中国传统文化有助于社会主义核心价值观的实践，社会主义核心价值观是优秀传统文化在当代生活得以传承和升华的一个体现。我国优秀传统文化中的一些哲学智慧可以为人类发展贡献中国力量。如礼文化、包容、豁达的思想显示了我国人民的智慧，再如"和文化"对人类命运共同体的构建有重大影响等。

推进中国传统文化创造性转化、创新性发展，是中国传统文化基本精神弘扬的必然需要。优秀传统文化的持续弘扬可以理解为"旧邦新命"。传统文化与现代文化间的联系，可以说，主要是以"现代观照传统"，并努力实现"传统滋养现代"。现代文化的建设、完善、创新都是需要在传统的基础上进行。"旧邦新命"可以理解为，我国绵延千年的历史长河为"旧邦"，我国当代的主要任务是以人民为主体，为人民谋发展、谋复兴、谋幸福，超越传统封建主义的束缚，解放思想、发展思想，不断构建现代文明的建设，不断完善民主制度体系，这就是"新命"。中国传统文化中的优秀传统文化历久弥新，具有很强的时代价值。当代文化建设需要对中国传统文化深入挖掘，将优秀传统文化中的基本精神传承和弘扬下去，例如仁爱、民本、正义、诚信等。它们在当代仍然是社会的主流价值观，是构建和滋养社会主义核心价值观的重要源泉。随着综合国力的提高，我国日益走向世界舞台的中央，我国大力推行中国传统文化并对外开放，对外弘扬中国传统文化，凸显我国深厚的文化底蕴，彰显我国的文化自信。传统文化在对外开放的同时，中国也不断向外吸取优秀文化成果，进一步丰富和推进文化的兼容性，真正实现传统文化创造性转化和创新性发展。

四、有助于新时代思想政治教育的育人功能

追求人自由而全面的发展不仅是马克思主义社会发展理论的核心和基本原则，也是教育的终极目的。新时代思想政治教育应注重"以人为本"的根本原则，要贴近人们的生活和学习，重视大众的道德情感和心理诉求，以化解矛盾、促进共识为目标，要与现实生活接轨，符合社会发展的主旋律，培育全方位人才。中国传统文化中蕴含着丰富的思想政治教育资源，它注重塑造健全完善的人格以及涵养良好的品德，重视大众人文精神教育，这与当前社会的育人目标有契合点。

中国传统文化基本精神能够帮助人们树立正确的世界观，坚定个人理想信念。传统文化中体现的唯物主义与马克思唯物主义虽时隔千年，却内涵相同。"子不

语怪力乱神",孔子明确表达自己不相信怪力,不相信鬼神的存在。荀子讲:"天行有常,不为尧存,不为桀亡",解释了大自然运行的规律性。孔孟二人皆坚持了唯物论原则,而儒家文化中的这种辩证唯物主义、历史唯物主义的世界观对塑造正确的世界观大有裨益。正确的人生观能提升爱国情怀,有助于在奉献社会、建设祖国中实现人生价值。孔子曰:"己欲立而立人,己欲达而达人",孟子讲:"穷则独善其身,达则兼济天下",儒家所体现的这种以天下为己任、为他人着想、爱国爱民、大公无私的精神有助于树立正确的人生观和养成良好的精神品质。引导树立正确的价值观也是思想政治教育的任务之一,中国传统文化始终坚持集体利益高于个人利益的原则,有利于摒弃自私自利的思想,树立集体利益至上的观念。

中国传统中的"仁"与"礼"为新时代处理人与人之间的关系提供了可遵循的准则。孔子作为儒家学派的创始人,其思想核心是"仁"。"仁"从文字角度看,"从人从二,亲也",我们可以理解为人与人之间要相互友爱、互助,要善于替他人着想。孟子也曾说过,对待别人的长辈要像对待自己的长辈一样,对待别人的孩子也要像对待自己的孩子一样,这样的人才能称作真正的仁者。因此,中国传统文化中所提倡的"仁者爱人"精神告诉我们不能只爱至亲之人,也要学会爱其他与自己没有血缘关系之人。在中国传统文化中,"仁"被赋予了深厚的含义,其根本是孝,内涵是忠恕,它会针对新时代出现的不同情况做出不同的回答,在家要孝顺父母、尊兄爱弟,在外要学会"己所不欲勿施于人",善于站在他人角度考虑问题,真心实意待人。"仁"与"礼"是儒家五常中的两大部分,二者之间有着千丝万缕的关系。"仁"是"礼"要表达的具体内容,"礼"则是实现"仁"的具体形式,关于这一点,可以说"礼"比"义"更加看得见、摸得着,存在于现实生活中。孔子认为,"礼"是表现"仁"的一种必要形式,但不能流于形式,《论语》中记录了孔子祭祀太庙一事,其中"子入太庙,每事问"一句话体现了孔子对礼节的重视。这句话的意思是孔子对于祭祀先祖太庙这件事很是重视,竟然每件事都询问,体现了孔子对先祖极其虔诚的心,而不是将祭祀看作一种形式。所以,"仁"与"礼"之间是相辅相成的,一个人内心的仁德越深厚,其外化的行为就越规范,渐渐地,这种处事方法也会反馈回个体,不断促使人自觉向"仁"

靠近。当前社会环境复杂，人际关系众多，学会处理人际关系十分重要。将中国传统文化中的基本精神融入思想政治教育中，有助于形成懂礼守礼的思想意识，时刻以礼约束自身行为，促进人际关系的良好发展，减少摩擦与矛盾的发生。

中国人历来都很重视个人品德的养成，在我国对人全面发展的教育指导方针"德智体美劳"中，也将"德"居于首位。德育是思想政治教育中的关键环节，而儒家作为中国传统文化中的主流学派，其中包含的品德教育思想为新时代思想政治教育提供了借鉴意义。在现代人看来，中国传统文化能够培育个人的道德品行，提升道德修养，而儒家则认为，提升个体道德修养、完善道德品行不仅要借助外力的引导，更重要的是基于人内心的自觉，这种自觉要靠"克己内省""慎独"去保持。子曰："吾日三省吾身，为人谋而不忠……"，表达了个体需要日日反省，以求思想道德的进步，又云："过则勿惮改"，告诉人们如果在内省过程中发现自身存在的问题，不要逃避，应端正自己对待不足的态度并及时改正，争取在内省改过后达到"内省不疚，夫何忧何惧"的思想状态。孔子的"克己内省"精神，从自我省察到发现问题再到改正问题，最终实现问心无愧。这一套理论体系拓宽了学习和自我道德修养的视野，有助于时常自我回顾，在反思中不断完善自身。孟子则在孔子自我省察的基础上进一步提出了"反诸求己"，孟子认为，个体的行为如果没有达到满意的效果，应从自身寻找原因，人要善于反省自己，反省才会有成长、有进步。慎独也是儒家个体修养的方式，何谓"慎独"呢？慎独即个体独处且无人监督时，仍能遵守内心道德，按道德规范行事。因此，应加强品德教育，倡导儒家"自省自克"的修养方式，认识到中国传统文化基本精神的好处。要知道，自省只有进行时，没有完成时，要经历"自省—完善—再自省"这样一个循环往复、螺旋上升的过程，不断进行自我省察才能提升自我道德认知，从而内化为好的品德。

中国传统文化主张积极主动的人生态度。中国传统文化中自强不息、刚健有为的积极进取精神对国人安身立命、理解生命的价值和意义有着极其深刻的影响，也是中华民族精神的底色。自强不息在《周易》中寓意君子处世，应像天一样刚毅坚定，力求进步，永不停息。孔子认为，仁人君子一定要有坚强的意志品格和不懈的进取精神，他说："其为人也，发愤忘食，乐以忘忧，不知老之将至云尔。"

孔子认为，学习永无止境、不可停止，学习的快乐能冲淡饥饿和困乏，忘却时间，这正是孔子对自强不息精神的躬身实践。曾子说："士不可以不弘毅，任重而道远。"意思是人生路途长且阻，任务多且繁重，没有坚毅的品质和宏大的志向是不行的。可见，中国传统文化基本精神倡导的是积极进取的人生态度。

中国传统文化基本精神所追求的优秀品质，对新时代大众形成积极进取的人生态度和自强不息的精神具有一定的价值。首先，个体的内在修养与实现自我超越是紧密相连的，要实现积极进取、自强不息，不能仅停留在喊口号或幻想中，如果不付诸实际行动，那无异于空中楼阁、镜花水月，要在不断学习的过程中提升自我，开发智慧；其次，强调个体应在提升内在修养的同时，也要追求外在事业的成功，这使得积极进取、自强不息不仅应成为君子具备的内在品质，也是君子有所作为的外在体现。中国传统文化中这一精神特质有助于人们在未来的社会发展进程中激流勇进、奋发向上，拓展一番事业并实现人生价值。

第四章 中国传统文化的传播现状

传统文化是提升我国文化软实力与综合国力的重要保障。为提升我国在世界各国中的地位与影响力，传播传统文化势在必行。同时，我们也有必要对中国传统文化传播的现状进行了解，这有利于为进一步提高传统文化传播的效率与质量奠定基础。本章分为中国传统文化传播的现实背景、中国传统文化传播取得的成绩、中国传统文化传播存在的问题三部分，主要包括"一带一路"背景下中国传统文化的传播、新媒体时代背景下中国传统文化的传播等内容。

第一节 中国传统文化传播的现实背景

一、"一带一路"背景下中国传统文化的传播

建设"一带一路"是实现"两个一百年"奋斗目标和中华民族伟大复兴中国梦、协调推进"四个全面"战略布局的重要举措。传统文化传播是实现"一带一路"沿线国家"民心相通"的基础，是与政策沟通、设施联通、贸易畅通、资金融通"四通"相辅相成的重要"软实力"。"一带一路"文化传播面对复杂的外交环境，需要明确传播的有效路径和传播的意义。

（一）"一带一路"框架思路

"一带一路"是中国与有关国家在既有的双多边机制下，借助已有的、行之有效的区域合作平台，借用古代丝绸之路的历史符号，高举和平发展的旗帜，积极发展与沿线国家的经济合作伙伴关系，共同打造政治互信、经济融合、文化包

容的利益共同体、命运共同体和责任共同体。"一带一路"沿线分布着大大小小60多个国家，涉及东南亚、南亚、中亚、西亚、北非、中东欧广大地区。

"一带一路"不仅是古丝绸之路的延续，也是丝绸之路文化的延续。"一带一路"倡议不仅要把"丝绸之路"作为一条影响巨大、流传广远的商贸带，更要将其作为人类历史上文明交往、内涵丰富的文化带，打造成沟通东西方文明的桥梁。

（二）"一带一路"背景下文化传播的必要性

文化是"一带一路"的灵魂。推进"一带一路"建设是我国主动应对全球形势变化、统筹国际国内两个大局做出的重大战略决策。在"一带一路"倡议中，文化交流是一条重要的主线。要成功实施"一带一路"倡议，我们应当坚持文化先行，树立文化引领经济的高度自觉，既要发挥现代文化的促进作用，更要将中国优秀传统文化融入"一带一路"建设，努力推动中国优秀传统文化的传承与创新，深化与沿线国家的交流与合作，从而实现共同发展。

文化自身的客观属性，使其在"一带一路"推进过程中具有先天优势，发挥其独特的作用。由此可见，文化传播具有必要性。

1. 文化差异性与共生性并存

文化是一个民族的生命，文化是同承载着这种文化的民族共生的，人类存在的实质就是文化的共生。因此，"文化"可以比作"人类一切交流合作领域的DNA"。

每个民族和国家都有其代表性的文化，文化本身的传承性早已将其内涵渗透到承载这种文化的民族的血液中。国家或地区间的任何领域的交流合作都无一例外地包含着文化的元素。文化上的相互理解构成一切交流的基础与纽带，相反，文化的差异与误解就会造成交流的障碍。然而，文化的差异性与共生性是同时存在的，共生性是弥合差异性的基础，差异性又成为进一步沟通交流的动力，并在相互碰撞中互相借鉴与补充——不是在碰撞中使一种文化消失，而是在碰撞中共同成长。人类文明因多样才有传播与交流合作的价值，因包容才有交流互鉴的动力。多样带来交流，交流孕育融合，融合产生进步。因此，面对沿线复杂的外交环境，需要通过文化传播这一大平台，践行文化传播与交流中"尊重差异，包容多样，互鉴共荣"的原则，通过跨文化传播与交流把文化的差异性当作互鉴共荣的资源，并使之成为政治、经贸、军事、社会等各领域交流与合作的"润滑剂""催化剂"。因此，文化传播可以增强"一带一路"倡议的吸引力，从而促进各领域的合作共赢、互利共荣。

2. 文化具有整合功能

文化的整合功能是指它对于协调群体成员的行动所发挥的作用。社会群体中不同的成员都是独立的行动者，他们基于自己的需要，根据对情景的判断和理解采取行动。文化是他们之间沟通的中介，如果能够共享文化，那么他们就能够有效地沟通，消除隔阂，促成合作。

"一带一路"沿线外交环境极为复杂，其中涉及东南亚、南亚、中亚、西亚、北非、中东欧6个地区，沿线分布的国家有60多个，而且，每个国家都有属于自己的语言文字、文化传统和风俗习惯。以语言为例，据统计，沿线60多个国家涵盖了世界七大语系。每个语系中又分为若干个语族，每个语族中又包括多种语言，即便是同一个国家也有可能使用多种语言作为国语，比如新加坡的国语有英语、马来语、汉语、泰米尔语4种，而印欧语系的斯拉夫语族包含了10多种语言。由此可见，文化自身的整合功能对于缓解复杂的沿线环境具有很大的作用。文化的影响力超越时空、跨越国界、潜移默化、润物无声，文化可以通过其自身的整合功能，在传播过程中将不同地区、不同民族及不同国家的文化进行整合，包容文化之间的差异性，从而全面反映"一带一路"沿线各国的文化现状，起到消除偏见、化解歧见、增进共识的效果。因此，进行文化传播可以更好地为贸易合作、金融合作等扫除障碍。

3. 文化具有维持秩序的功能

文化是人们以往共同生活经验的积累，是被人们普遍接受的东西。某种文化的形成和确立，意味着某种价值观和行为规范的被认可和被遵从，这也意味着某种秩序的形成。只要这种文化在起作用，那么由这种文化所确立的社会秩序就会被维持下去，这就是文化维持社会秩序的功能。

国家间"民心相通"是一切外交合作的基础。"一带一路"沿线跨度大、地域广、人口多、文化差异大，且多民族集聚，政治立场、利益诉求、行为模式都存在差别，这就意味着在"一带一路"倡议的实施过程中，实现"民心相通"与其他"四通"相比是最大的挑战，也是最为重要的一环。而实现"民心相通"，就要统一沿线国家的行为、思想和认识。其中，最为有效的手段就是文化的传播与交流，文化的涵化、聚化、内化和转化功能可以增强国家的凝聚力、向心力，从而汇聚共识、积聚力量，提高对不同文化的包容度，形成统一的意识和目标。文化通过自身维持秩序的功能维持所需要的发展秩序。

（三）"一带一路"背景下文化的传播路径

1. 利用好"孔子学院"大平台

随着中国经济的迅速发展、综合国力的不断增强，中国越来越被世界关注，各国掀起了学习汉语的浪潮。作为汉语国际推广和中外文化交流重要基地的孔子学院在全世界迅速发展，为中国语言和文化走向世界发挥了不可估量的作用。可以说，孔子学院已成为中国一张闪光的名片，是名副其实的语言之桥、文化之桥、交流之桥和心灵之桥。因此，中国文化的传播必然要利用好"孔子学院"这一大平台。孔子学院作为汉语国际推广的平台，其宗旨就是让世界更多地了解中国和中国文化，促进中国与世界的沟通和交流，为建设和谐世界做出贡献。文化的传播模式也极为广泛，首先，可以通过孔子学院强大的师资团队来加强中国文化的传播；其次，可以增加和优化文化课的课程设置和传播内容，以孔子学院的课堂教学为传播途径。此外，还可以丰富课外活动形式，组织与中国文化相关的比赛、交流、晚会等，通过文化活动来传播中国文化。

2. 利用好驻华外交官群体

靳风在其硕士论文中对"一带一路"沿线涉及国家的外交官群体有详细的介绍，他通过数据统计分析和访谈的研究方法，也得出了很多行之有效的结论[①]。其数据统计分析显示，在2010~2015年间，"一带一路"相关国家及国际组织驻华外交官注册学习汉语的人数近年来一直有着稳定的提升。尤其是2013年以后，在相关国家驻华使馆没有经历大规模人员轮换的情况下，新生注册人数依然有着

---

① 靳风. 汉语传播在"一带一路"沿线国家：现状、问题与对策[D]. 外交学院, 2016.

明显提高，可以证明"一带一路"概念的提出让各国驻华外交官加深了对汉语的重要性的认识。而且靳风对"一带一路"周边国家的67名外交官及外交官家属学员进行了专题访谈调查，其中有一结果显示：首先，这些外交官自身汉语基础普遍不高，对中国的了解也很有限，但他们精力充沛，愿意接受新事物；其次，他们对中国文化没有偏见，愿意付出时间与精力去了解中国和中国的文化。

由于我国外事部门外语人才充足，过去，各国驻华外交官在工作中学习和使用汉语的机会不多，对学习汉语、了解中国文化动力不足，而随着各国同中国交往的加深，汉语传播和中国文化开始渗透到"一带一路"周边国家的社会中，许多受访对象不再像以前的职业外交官一样局限于使馆区和政治圈，他们开始更多地学习中国语言文化，体验社会，并把体验到的经验带入自己的工作中。

外交官这一特殊群体也可以作为"一带一路"沿线传播中国文化的有效路径，随着受众层次的提高和传播内容的深入，文化传播会成为解析中国式行为模式的一扇大门。

3. 利用新媒体传播

随着科技的创新和发展，世界进入了新媒体时代。新媒体主要以移动数字电视、网站等为载体和平台，更新速度快，融合各种资源，呈现立体化的传播形态，成了最为直接且快速有效的传播渠道。

无论是学习汉语还是了解中国文化，新媒体都有着强大的网络资源。主要以提供中国文化内容的汉语文化类网站也随着汉语学习者的增加而越来越多。人们可以通过讲授或自主学习的两种网络教学模式来学习、了解汉语和中国文化。其中，孔子学院网页中"中国文化中心"这一版块就是专门介绍文化知识的，可以从这一版块了解中国的书法、戏曲、功夫等不同方面的文化知识。

利用好新媒体这一跨越空间、高速且便利的传播路径，可以加快中国文化在"一带一路"沿线的传播，而且这一媒介可以使传播的受众面更广。

"一带一路"不只是一个空间概念和经济合作倡议，它也是一个建立在历史文化基础上的范畴，是用文化将历史、现实与未来连接在一起。推行这一伟大倡议的同时，文化传播尤为重要。进行有效的文化传播势必会为沿线经济、贸易、政治的发展，以及实现多方面的交流合作奠定坚实的基础。

二、新媒体背景下中国传统文化的传播

新媒体是推动社会发展的重要动力,已经广泛地应用到人们的人际交往、工作学习、信息传播等多个领域,同时也促进了各种文化之间的交流和传播。新媒体具有传播范围广、速度快、互动性强的特点,消除了地域、年龄、文化程度的限制,为中国传统文化的传播提供了更加适宜的平台,能让中国传统文化得到更加广泛的传播和传承,更具生机和活力。

(一)新媒体的特点

1. 开放性

开放性是新媒体最主要的特点,虽然当前越来越多的网络平台已实行实名注册制,但在虚拟的网络环境中,每个人都有自由制作、发布及传播信息的权利。新媒体属于高度自由和开放的网络平台,所有的信息会以极快的方式进行共享与传播。这种开放性当然也同时包含着正面和负面内容,同时体现了进步与包容,能够为人们提供更加快捷的信息服务,使人们随时随地通过智能手机就能浏览到世界上最新的资讯。但是,这样的开放性也很容易产生网络暴力,给社会的稳定带来隐患。因此,新媒体这种开放性需要加以正确利用,才能彰显其应有的价值。

2. 互动性

传统媒体的传播方式都是单向的传播,人们接收到的信息反馈缺乏时效性,是延时的,处于被动位置。新媒体信息的双向传播让人们摆脱了被动的地位,建立了双向、多向的互动沟通关系。在新媒体时代,信息的接收者与传播者之间的界限变得模糊,所有人既是信息的接收者,也是信息的传播者。新媒体构建了社交媒体平台,让信息实现双向传播的同时,也让传播者与接收者之间能够进行实时的互动交流,发表对信息的看法、阐述自己的观点等,进行深入的沟通交流,如抖音、微信、微博等工具将新媒体的互动性特点发挥得淋漓尽致。

3. 娱乐性

经过多年的改革开放,我国如今已经成为世界第二大经济体,社会和经济取得了长足的进步,人们的物质生活得到了极大改善和发展,在精神文化方面的需求必然会越来越多。网络上存在海量的资源,受众可以通过新媒体平台迅速得到

自己所需的资源与信息。当今时代，更多的年轻人选择通过新媒体开展娱乐与消遣，有的甚至将工作和学习也改在网络上进行，如网上办公、网上授课等。新媒体受众的大量增加，很多相关的产业也应时而生，如抖音的小视频制作、网络文学创作、信息加工等。同时，新媒体在使人们精神生活得以丰富的同时，也存在过度娱乐的隐患。新媒体中很多信息难辨真伪，容易误导受众，造成负面的社会影响，还有很多学生因自制力太差，将大量时间耗费在网络上，对健康发展产生了不利的影响。

（二）新媒体时代传统文化传播的机遇

1. 新媒体时代为传统文化提供了良好发展空间

网络信息技术的发展加速了新媒体时代的到来，改变了人们的文化生活，同时也为传播传统文化提供了良好的发展平台和空间。新媒体有网络信息技术做支撑，移动社交媒体迅速发展、传播范围迅速扩大、传播速度越来越快，人们选择信息的主动性大幅增加，更为传统文化的重构和发展注入了新的活力。新媒体传播方式有利于中国优秀传统文化的传播，能有效地激发个体受众进行传播的热情，突破时间和空间上的限制，让中国优秀传统文化的传播场域得到极大的扩展。要充分利用新媒体的优势，让优秀传统文化的信息接收者同时也变成信息的传播者，使文化的传播效率大幅提高，传播范围不断拓展，中国传统文化的价值得以凸显。

2. 技术融合，整合传统文化传播资源

在新媒体时代，网络能够将内容资源进行有效的整合。数字媒体技术正处于快速的发展期，其中人工智能技术发展尤其令人瞩目，能让传统文化得到重新发掘与整合，传统文化将以全新的视角得以重现。当前，我国的媒体融合趋势明显，能为整合传统文化资源打下坚实的基础。一方面，技术的融合能构建完整的信息共享平台，在这个平台上能让所有资讯和信息得以共享，这样就整合了传统文化资源；另一方面，我国呈现信息的质量和效率得到全面的提升，如立体空间建模技术、实景体验技术、虚拟成像技术等，这些技术的出现和发展为传统文化的立体化、视觉化、空间化的呈现提供了技术上的有力支撑。

3. 利用新媒体平台广泛传播传统文化

将新媒体与传统文化的优质内容相结合，构建适宜传播传统文化的互联网媒体平台，抢占传播传统文化的主阵地，使传统文化的传播范围覆盖更广、传播距离更长。人们能够通过十分便捷的方式，随时随地对传统文化内容进行了解，而无须再耗费时间与精力去找寻，只需要一部智能手机就能在任何时间了解相关传统文化的资料或信息，由此告别了过去想了解和学习传统文化，却因为传播速度慢、内容晦涩难懂、反馈不及时而作罢的情况。另外，传统文化的传承与发展，还可以借助新媒体技术中的交互性、数字化特征来实现，受众能够通过新媒体社交平台的互动交流来认识与了解传统文化，如微信、抖音、微博等社交媒体或虚拟社群，通过相互之间的互动与交流，让人们在脑中留下关于传统文化的深刻记忆。

（三）新媒体背景下传统文化传播的发展路径

1. 用新媒体产品加强对传统文化的保护

在一个国家的历史发展进程中，中国优秀的传统文化是其经验的总结，这是中华民族得以薪火相传、生生不息的力量源泉，激励着当代中华儿女为了伟大复兴的中国梦而努力奋斗。在新媒体时代，要想更好地保护传统文化，就要强力推动传统文化和新媒体产品的融合和发展。要搭建一个发展的平台和空间，为传统文化的发展及在新媒体中价值的提升提供有力的保障。也就是说，在制作新媒体产品时，要保护优质的传统文化，通过文字资料、短视频、音频等形式将传统文化的内涵展示出来，最后达到物质和文化的相互协调和统一。另外，传统文化的传承还可以通过新媒体中的电子文本进行即时的记录，如拍摄古遗迹、古建筑，然后用新媒体文化产品的应用来开展文化记录，实现传统文化在网络空间里的传承。

2. 普及传统文化新媒体加工的思想价值理念

新媒体时代，其媒体产品具有趣味性、灵活性、互动性等特点，产品中的数字化元素实现了创新式的信息传播。当前有必要在全社会范围内对媒介素养的提升进行强化训练，重点培养人们的信息翻译能力、识读信息能力等，让全社会的新媒体素养得到普遍提高，降低社会上数字贫困的数量。也可以对传统文化进行创新加工，赋予传统文化合理的趣味化。例如，以剪影设计造型再现经典革命故事、以动画形式编创传统民间故事等，传统文化呈现形态将变得十分丰富，在创新的、独特的人物造型活动中展示传统文化的内涵和思想，将进一步实现传统文化与新媒体实际的协调性发展和传播。

3. 发挥技术优势，拓展传播渠道

新媒体的发展呈迅猛之势，海量的信息通过多元化的传播渠道迅速传播，这是技术优势的体现。传统文化可以和新媒体多元化的传播渠道进行融合发展，提升并深化人们对传统文化的认知水平，获得更好的立体化传播体验。传统文化教育渠道也可以利用新媒体进行拓宽，改变传统媒体单向的、单一的、被动的信息输出模式，采取多样化的、双向的信息输出模式，让传统文化在社会各个层面得以渗透，营造浓厚的传统文化培养氛围，有利于对传统文化深层次的内容进行挖掘，进而让传统文化实现资源的再利用。

总而言之，用新媒体产品加强对传统文化的保护、普及传统文化新媒体加工的思想价值理念、发挥技术优势、拓展传播渠道、开创新媒体时代优秀传统文化多元传承和发展路径，能让优秀传统文化得到更好的保护，并通过新媒体技术得以构建全新的传播环境，进而得到广泛的传播和普及，为中华儿女的宝贵财富得到传承和发扬打下坚实的基础。

三、对外汉语教学推广背景下中国传统文化的传播

语言作为文化的基础，在一定程度上能够反映出文化的发展，因此，进一步促进中国传统文化的传播，也会在一定程度上提升语言的地位。对外汉语教学不仅是为了向外国人传授汉语，更是向外国人传授我们国家的传统文化。此小节将重点通过分析对外汉语教育发展的概况，论述对外汉语教学推广背景下传统文化的传播状况。

（一）在对外汉语教学中传播中国传统文化的可行性

中国传统文化是中华民族所固有的文明基因与遗产，而作为大众传媒，应该肩负宣传与推广中国传统文化的社会责任，为中国公民观点的表达与中国传统文化的传承提供健康的社会环境。在宣传过程中，要掌握宣传艺术理论和方法，注意发掘社会大众资源和本土人文资源。此外，在广告创意中加大中国传统文化的

含量和在网络宣传中增加中国传统文化的内涵等，都是弘扬中国传统文化的途径。

中国传统文化的弘扬，不应当仅仅局限于课堂上，而开展多样化的文化宣传工作是当今传播的必然趋势。报纸、图书、期刊、电视节目、广播等属于中国原有的文化传播方式，在互联网诞生后，传播方式出现了颠覆性的重组。相较于在课堂上传播中国传统文化，报刊、广播电视等这些中国传统媒体和互联网等新型媒体都是传播多元文化的主要途径。

中国传统文化教育有很大的层次性，根据这一点，在对外汉语课堂上传递的信息很可能是留学生所阅读过的名人著作或经典传诵的文学作品。而大众文化和本地文化对教育来说是一笔无形的文化财富。

对于信息传播者来说，多样化传播中就已经涉及了相关的多渠道传播，而像报纸、电视、广播电台、书籍、期刊等这些传统文化媒介，以及互联网等新型媒介则是信息多样化传播的主要途径。要注重多渠道宣传的促进作用，充分发挥经济宣传渠道、大众媒体渠道、教育交流渠道、人际宣传途径等多渠道的传播，提升中国传统文化在对外汉语教学宣传中的地位，不断创新中国传统文化教育的宣传途径。

在众多的宣传途径中，互联网可谓是最具影响力与有效性的途径。随着互联网的迅速发展，相关政府部门也可以建立公益性网站，并以此为平台进行对外汉语教学和宣传。首先要做的就是整理中国传统文化资料、挖掘中国传统文化特色，其中最为关键的是整理传统媒体信息资源以及中国原有的风俗习惯，然后通过报纸、期刊、电视节目、广播等媒介，建立一个平台化的综合处理系统，可以提供文本、图像、声音、视频等多种形式的信息产品，满足不同国家留学生受众的多样化需求。

（二）中国传统文化在对外汉语教学工作中的传播途径

1. 鼓励民间组织开展文化传播

要让中国的文化产业发展产生更加深远的影响，还必须充分发挥和强化民间艺术组织的功能。民间艺术团体能以更灵活多样的传播方式和更多元的协作方法，获得更多受众和民间组织的加入，能够让中国文化在全球范围内流传更广泛、影响更深远；同时也能够防止中国传统文化宣传因为意识形态不同而引起争议，从而妨碍广大受众对我国传统文化的接纳和理解。所以，有必要让政府、资本、人才、媒体等通过各种形式对中国传统文化在全球宣传事业的开展予以引导和扶持。

2. 对中国传统特质文化加以宣传

中国传统文化的教育体系十分丰富且复杂，在实际的对外汉语教学过程中，若没有对经典的传统文化教育进行合理筛选凝练，其宣传效果就不会很理想。从这一视角出发，要想在限定时期内，把更多的优秀传统文化传播开来，就必须对传统文化教育加以甄别。教师要善于引导，并进行合理讲解，让学生了解物质文化背后的人文故事，还应该给学生介绍中国古代儒家传统文化、道家传统文化、墨家传统文化等相关知识，并借助其中的深厚历史文化内涵使学生真正体会到中国传统文化的博大精深。

3. 采用多元化的传播方式

针对初次接触我国传统文化的一些外国人，在传播过程中必须开展形式丰富的教学活动，把中国传统文化纳入教学活动之中，如此才能使教学过程变得更加生动有趣。单靠教师在课堂上讲解，是无法真实影响学生的心灵的，特别是对外国人来说，他们对中国传统文化的了解相对较少，需经过切身体会后才能感觉到中国传统文化的魅力。但是，对教师而言，要从传播方式上改变，可以开展课外实践性教学活动。比如，中国有着剪窗花、看皮影戏等民俗文化，这些事物与中国传统文化有着密切联系，可以让外国人在剪纸游戏、皮影游戏活动中领悟民俗文化艺术魅力，让他们通过切身感受，真正地认识中华民族传统文化的价值。

（三）中国传统文化在对外汉语教学工作中的教学策略

1. 提升对外汉语师资文化素质和专业水准

在对外宣传中国传统文化的过程中，作为对外汉语课程的教师有着重要的责任。由于汉语文化教育知识内容丰富多彩，其中蕴含优秀的人文知识和精神品质，因此，教师应在平时的教学过程中，通过自己的言传身教传播给学习者。教师要注意提升自己的传统人文素质，这样才能把中国丰富的传统文化渗透到学生的精神世界中。同时，教师也要注意把传统文化教育和中国当前的社会主义核心价值观加以比照，积极传播中国现代的经典传统人文精神文化。作为新时代对外汉语课程教学的教师，除了应该具有良好的知识水平和道德素质之外，还必须具有丰富的人文知识，起到精神上的引领作用。教师可采取查阅古典文化教育书籍，进行传统文化教育研讨会，聆听外国专家学者演讲等方法，来提高自己的传统文化教育知识素养。在教学工作中，教师要边学边用，注意将我国的传统文化教育基础知识同对外汉语教育的有关知识点加以有效整合，实现对优秀传统文化的有效弘扬与传承。

2. 教师要转变教学模式

在对外汉语教学的过程中，教师要注意贴近现实生活，通过一些常见的事物进行讲解。因为这些具体事物自身就承载了精神类社会文化。因此，教师在讲解过程中，有利于引导学生产生亲近感。这些方法既能够使外国人掌握汉语知识，又能够认识中华传统民俗文化，同时还能够活跃课堂气氛。教师在使用PPT教学时，可以介绍结婚中的贺词、贺礼等，当学生的汉语知识逐渐丰富时，教师可以适当地引导学生表达自己对新人的祝福。

3. 利用文化专题进行展示

在对外汉语课堂上，只讲授语言知识，会让教学过程变得很单调。在不影响整个教学进度的情形下，教师可以选取部分与教材内容相近的传统文化进行专题介绍，或者集中一些中国传统文化资源，巧妙合理地嵌入汉语课堂中。比如，在对外汉语课堂上，当课本中出现了一些诗词，教师就可专门搜集部分有代表性的诗歌，向学生们加以讲解分析，调动学生对诗词背后的社会文化思想的能动性，从而使学生在教学过程中，真正体会到中国传统诗词艺术文化的深厚内涵。从先秦《诗经》、礼乐到唐诗、宋词、元曲以至中国近现代诗词，每一个时期的经典作品、时代背景等，教师都可有选择性地向学生推荐。

这种专题性的讲解，会极大地提升外国学生的学习兴趣，这对我国文化的传播也起到了巨大的作用，因此汉语教学也开始引起更多外国人的重视，汉语学习者群体也不断扩大。对外汉语教学的根本目标就是帮助普通汉语学习者了解汉语交际方式，从而能够认识汉字，并说清楚汉语。由于汉语本身就是中华文化的一种载体，所以，在对外汉语教学中，除要讲授基础的汉语知识以外，还必须融合中国传统文化教育内容，进而通过有效的宣传策略，使更多的汉语学习者认识到中国传统文化的魅力和价值。

第二节　中国传统文化传播取得的成绩

中国传统文化拥有五千多年的历史，它的传播从古至今一直都未中断，并且还在不断地更新，散发出新的活力。无论是在古代的丝绸之路还是现代的全球化，中国传统文化一直发挥着自己独特的作用。

一、中国传统文化传播的历史

早在几千年以前，我国就开始了文化的对外传播。在那漫长的岁月里，中国传统文化在对外传播与交流中主要经历了四次高峰，每一次文化交流高峰的内容和传播方式都有所不同。

第一次高峰发生在西汉。张骞出使西域，本是为了战争目的，但这次出使西域却意外地打开了文化交流的大门，使得中原文明借由"丝绸之路"得以传播。张骞由此打通了中国通往西域并与欧洲往来的陆上丝绸之路。通过这条经济文化交流的丝绸之路，中国商人不仅带去了丝绸和茶叶，还带去了中国的科技发明和思想文化。丝绸之路促进了沿线国家的发展，增进了人民之间的友谊，消除了彼此之间的隔阂。

第二次高峰出现在唐代。大唐盛极一时的气象吸引着各国的使节和游人来到长安，尤其是日本，更是数次派遣遣唐使来中国学习先进的思想文化和科技技术。唐朝的文化深刻地影响着东亚周边国家，以唐朝为中心的"东亚文化圈"开始形成。不仅如此，造纸术在此时传到了西方，海上运输能力进一步提高，通过海运的方式，盛唐的物品与文化传播到阿拉伯和非洲地区。

第三次高峰是在宋元时期。宋代的军事实力虽然不强，但科技却没有停下前进的脚步。中国五大官窑烧制的瓷器、司南、火药等发明经由阿拉伯商人传到了西方。值得注意的是，成吉思汗通过金戈铁马建立了横跨亚欧大陆的蒙古帝国，促成了人口、经济、政治、文化等的交流与融合。

最后一次高峰发生在明朝。郑和奉明成祖朱棣之命前后一共七次下西洋，这一路给沿途的国家带去的不仅仅是中国的特产和文化，而且开拓了政治交流与海外贸易，建立了新的政治秩序。

由此可见，古代中国传播文化的方式很容易受到限制，例如战争，而且大多数是物品与技术的交流，政治上的交流仅限于周边国家。后来，闭关锁国的政策使思想文化受到束缚。而与此同时，西方的文艺复兴运动和启蒙运动促进了民主思想的产生。在两次鸦片战争之后，中国传统文化受到西方资本主义思想的冲击。

二、传播中国传统文化带来的成就

新中国成立初期，我国跟苏联等社会主义国家进行建交。在这段时期，中国陆陆续续地派出艺术代表团对苏联等社会主义国家进行友好访问，交流的形式主要是文艺演出、观摩电影和举办展览等。中国为了打破与西方国家的界限，尝试使用文化交流的方式去消除彼此之间的隔阂。

20世纪50年代，我国的对外文化交流工作取得了不错的进展，先是与苏联、东欧等社会主义国家进行频繁、深入且广泛的交流，随后与周边建交的国家也建立了互帮互助、共同发展的友好关系。这些政治、经济、文化的交流为我国加快建设社会主义创造了一种良好的环境和氛围。

20世纪60年代，我国与缅甸签订边境协议，还派歌舞团访问亚洲多国，并与多个非洲国家进行政治、文化上的交流，支援非洲的建设，更是与远在拉丁美洲的古巴进行建交。不仅是亚非拉国家，1964年中国还同法国进行建交。

20世纪70年代，中国正式恢复了联合国安理会常任理事国的席位；中美关系开始正常化。随后，中国同日本、欧洲等国进行建交，促进了彼此之间的文化交流。

改革开放以后，邓小平同志认为不仅要在经济上实行开放政策，在对外文化交流上也要开放发展，于是对外文化交流越来越频繁。对外文化工作逐渐形成文化外交、文化交流、文化外宣和文化贸易四大工作领域，构建起全方位、多层次、多领域、多渠道的工作格局。

21世纪，在这个全球化的时代，国与国之间的距离越来越近，交流越来越频繁，中国的政治、经济实力日益提高，越来越受到世界的瞩目，与此同时，中国传统文化也受到了冲击。

为了促进中国文化的传播与发展，国家制定了一系列的文化建设方针，复兴中国传统文化，增强国人文化自信，加强文化的对外交流与输出，做好中国文化品牌，提升中国文化在世界的影响力。

从现实生活中的情况来看，从国家到民间，中国对外文化交流合作都取得了丰硕的成果。例如，从 2001 年以来，国家新闻出版总署组织实施了"经典中国国际出版工程""丝路书香工程""中外图书互译计划""图书版权输出奖励计划"等 10 个工程，涵盖了版权输出内容生产、翻译出版、传播推广、宣传营销等环节，目前已有近万种图书在 80 多个国家出版。2004 年，国家汉语国际推广领导小组办公室在韩国建立了第一家孔子学院，随后孔子学院在世界各地陆陆续续地建立。2010 年，成功举办意大利"中国文化年"活动，随后中国陆续与美国、俄罗斯、法国、荷兰等国也合作举办了该项活动。不仅如此，中国的影视作品也不断向海外输出。

据《中国国家形象全球调查报告 2019》显示，在外国人心目中最能代表中国传统文化的元素有如下几点：中华美食、书法绘画、中医药、武术、自然风光、科技发明、传统历法、节日节气、十二生肖、孔子及其儒家思想、服饰、建筑、音乐舞蹈、文化典籍、道教、曲艺杂技、文学作品、影视作品、游戏。从调查报告得出的数据来看，外国人对于了解中国传统文化的途径也越来越多样化，会从生活的各个方面来感受中国传统文化。

办国际书展、建孔子学院、创办中国文化年活动等可以证明中国传统文化在世界传播的范围越来越广，方式多样，且传播的内容越来越多元化，传播的方式在不断地创新。中国的文化产品也变得越来越国际化。像电影、电视、动画、旅游、游戏等文化产业开始变得愈发重要，这些文化产品值得我们进一步探究。

中国传统文化是我们宝贵的遗产，它不仅具有民族性，更具有世界性。我们应在时代的发展中对中国传统文化进行弘扬，把它传递到世界的每一个角落，与各国人民一起探讨人类文化的延续性和趋同性。

第三节　中国传统文化传播存在的问题

一、中国传统文化的传播现状分析

党的十九大报告提出要推动中华优秀传统文化创造性转化和创新性发展，二十大报告强调，必须坚定历史自信、文化自信，不断提升国家文化软实力和中华文化影响力，那么当前中国传统文化在传播方面的现状如何，当前传统文化传播存在哪些问题？这些问题的解决，对于传播中国传统文化具有现实意义。本节将结合相关现实案例和问卷调查数据，对当前传统文化传播的现状展开分析。

（一）个人层面的现状分析

1. 受众对传统文化存在认同高、认知低的现象

各种关于传统文化的信息通过报刊、广播、电视和互联网等媒介进行传播，受众接收这些信息后得到关于传统文化知识的积累，对传统文化的认知相较于以前有了提高，但在当前传统文化的传播形式下，受众总体对传统文化存在认同度高、认知度低的现象。

中国传统文化源远流长、博大精深、种类繁多，受众长期受传统文化的熏陶，对传统文化产生了一定的认同感，但由于种种原因的限制，受众对各类传统文化的知识量储备不足，无法产生认知结构上的变化，进而影响了对传统文化的认知。

2. 受众对"互联网+"传统文化传播和应用的兴趣高

随着当前媒介社会环境的不断发展与变化，受众对"互联网+"传统文化传播的兴趣度很高。移动互联网时代，受众接收信息的方式发生变化。互联网为传统文化的发展注入了新的活力，成为传统文化信息传播的重要形式。"互联网+"是互联网发展到一定阶段的全新业态，当前其应用领域已经遍布生活中的方方面面，其中就包括传统文化的传播与应用领域。

（二）社会层面的现状分析

1. 政府政策：为传统文化传播带来转机

当前社会环境中，出现了一些对于传统文化的误读现象，如果对这些问题放任不管，将对传统文化传播造成一定阻力。若要为传统文化创建一个良好的传播

环境,这些对于传统文化的误读,都需要政府进行澄清和引导,以及进行政策的整顿。

政策是传统文化传播的助推器,由政府领导进行顶层设计,对传统文化的传承与传播具有重要的推动作用。党的十八大以后,政府对于传统文化传承的重视程度逐渐提升,陆续推出多项有利于传统文化传播的政策,例如,在义务教育阶段增强传统文化教育等。党的十九大报告中强调了传统文化的作用,还提到了媒体和作品传播力的建设。2017年1月,中共中央办公厅、国务院办公厅印发了《关于实施中华优秀传统文化传承发展工程的意见》,提出"文化是民族的血脉,是人民的精神家园",同时还提出要加大传统文化的宣传教育力度,"综合运用报纸、书刊、电台、电视台、互联网站等各类载体,融通多媒体资源,统筹宣传、文化、文物等各方力量,创新表达方式,大力彰显中国文化魅力。实施中华文化新媒体传播工程"。这一意见的颁布对传承传播优秀传统文化具有一定指导意义,为当前传统文化的传播带来了转机。政府工作报告中关于传统文化的对策和规划有利于传统文化的传承和传播,对主流媒体和传统文化作品传播力的建设也有一定的指导意义。随着政府政策的推出,主流媒体对传统文化的报道逐渐增多,传统文化作品也逐渐增多,传统文化传播力逐渐增强。

2.文化环境:多元文化传播并存

古代丝绸之路出现于西汉时期,是联系中国和欧亚大陆的交通要道,以丝绸贸易为主,所以称为丝绸之路。然而,它不仅仅是一条商务贸易之路,也是东西方文化交流的重要纽带,它使人类文明在不同地域上交流和碰撞,成为古老中国接受世界其他文明的主要通道。当前,"一带一路"倡议借用丝绸之路的文化符号,同欧亚大陆各国进行政治、经济和文化的交流,在当前的社会环境下有利于彰显中国文化的魅力。

加拿大原创媒介理论家麦克卢汉通过对电子媒介的研究,看到电子媒介打破时间、空间的限制,将信息传播变得畅通无阻,使世界连成一个整体,而对于文化来说,也开始了全球范围内的交流与传播。也就是说,数字化的传播平台有利于多种文化信息的汇聚、融合,为多元文化的传播提供了便利。当前经济和政治全球化进程逐渐加快,再加上媒介的作用,各国之间的交流越来越多,文化的交流也变得越来越频繁,这就造就了当前我国传统文化与多种外来文化并存的文化环境，也就是多元的文化传播环境。这种多元化的文化传播环境，使得各国之间的文化交流日益密切。

换个角度讲，当前这种多元化的文化传播环境，也给中国传统文化的传播带来了一定的挑战。但从本质上说，这种多元文化并存的文化环境是全球化发展的必然结果，对于几千年来绵延不断的中国传统文化也是必然要经历的过程。

二、中国传统文化传播中的问题分析

（一）"一带一路"背景下中国传统文化传播存在的问题

随着"一带一路"的建设、对外贸易的增加和中国文化的传播，加之传统丝绸之路沿线国家对中国文化的理解，中国文化对"一带一路"沿线国家和地区的影响随之加深，中国文化的影响力逐渐增强。但是从总体上来说，"一带一路"沿线国家和地区文化环境的多样性、复杂性和差异性，在一定程度上增加了中国传统文化传播的难度，并限制了中国文化传播能力的提升。中国传统文化的对外传播存在一定问题，主要表现为语言复杂多样、创新能力薄弱和文化观念冲突等方面。

1. 语言复杂多样

语言是我国与沿线各国实现文化良好沟通的必要纽带，只有实现语言的畅通，文化交流才能顺利开展。但语言学习过程漫长且困难，培养专业水平高、语言能力好的人才是一个很大的挑战。许多小语种，如阿姆哈拉语、孟加拉语、尼泊尔语、祖鲁语和阿塞拜疆语等，缺乏专门的授课教师，也缺乏学习资源。同时，在全球化进程中，非通用语言翻译的严重稀缺性阻碍了中国文化的传播。随着"人类命运共同体"倡议的不断深化和外交进程的不断推进，中国需要与"一带一路"沿线国家建立更广泛和紧密的关系。

2. 创新能力薄弱

中国传统文化在向"一带一路"沿线国家和地区进行传播的过程中，文化传播的内容、方法还有待创新，这在一定程度上限制了中国文化传播的能力。第一，中国文化的促进和交流主要由政府机构推动，文化对外传播缺乏一定程度的独立性和自主性；第二，文化交流中缺乏媒体渠道，中国传统文化的交流和传播方式也有待创新，这一切导致中国传统文化信息无法及时传递，受众的使用率不高。

3. 文化观念冲突

"一带一路"涉及亚洲和欧洲的60多个国家，尽管古代各国之间经常进行贸易和文化交流，并具有一定的交流与合作基础，但所涉地区由于地理环境、种族宗教问题复杂，具有不同的习俗、礼节、生活方式和历史背景。在跨文化交流过程中，由于文化差异而形成的交流障碍，应该及时处理，以减少不必要的误解和麻烦。

4. 传播深度不足

在当前传统文化传播的过程中，充塞着各种形式的传统文化信息，包括传统文化综合新闻、传统文化政治文章、传统文化理论评论和传统文化采访报道等。首先，纸媒对传播传统文化深度内容存在优势，如《中国文化报》中对各类传统文化的深入解读。但是，目前在新媒体的冲击下，通过纸媒了解传统文化深度内容的人比较少，这在一定程度上导致接受深度内容的受众越来越少。其次，近年来电视媒体逐渐加大了对于传统文化的宣传和报道，并且在传播内容的深度方面有了较大改善，如《中国诗词大会》聘请专家讲解诗词的内涵。但是，电视节目播放的局限性在于时间固定，在快餐文化盛行的当今时代，生活节奏加快，人们很难有精力完整系统地学习其中的知识。再次，新媒体传播信息具有时效性，但欠缺具有深度分析的传统文化内容。最后，虽然当前传统文化信息生产者多是专业记者，但由于记者自身传统文化专业素养参差不齐，信息的编辑能力也有较大差异，那些能生产出深度优质传统文化信息的人只是这个群体的一小部分。而且，当前的新媒体平台承载海量传统文化信息，传播内容的质量难以保证。因此，深度传播是当前传统文化传播的关键。

5. 传播人才匮乏

在传播过程中，传播者的素质对内容质量有直接影响。调查显示，当前传统文化文章的作者以非专业人士为主，专业型人才的数量较少，欠缺一定的专业性。

当前各类媒介在传播传统文化内容时，极少邀请专业性人才来作为信息传播者，信息的传播者大多数为非专业型人才，他们对传统文化的了解多数来自书本和印象，属于浅层次的认知，传播者对传统文化内涵和意义的深层次认知不够充分。

（二）新媒体时代背景下中国传统文化传播存在的问题

1. "数字鸿沟"加剧传播失衡

"数字鸿沟"的出现导致了传统文化中的信息传播失衡。"数字鸿沟"是指由于教育、经济、种族、地域等原因，各阶层在使用电脑、网络等数字化技术和共享资讯资源上的差异，本质上是由于资讯差距所造成的知识差距和贫富差距，也可以说是"资讯贫富差距"。我国地域广阔、人口众多、地区发展不均衡，造成传统文化在信息传播方面的不均衡。新媒体带来了更广泛、更方便的文化交流，但是由于"数字鸿沟"的存在，传统文化的传播仍面临较大困难。

2. 落后于新媒体发展节奏

新媒体的出现，使人与人之间的交流与沟通由线下走向线上，甚至越来越多的年轻人更乐于采用网络人际传播方式。就文化交流而言，传统的沟通与传承方法是面对面的人际沟通和书面沟通。在新媒体时代，人们越来越多地受到数码产品的影响，每天都要面对着电脑、手机等智能化设备，因此面对面的人际交流的机会大幅降低。文化交流更多体现在思想交流、心灵安慰和言语激励等方面，同时也体现着人与人、人与社会之间的感情归属。中国部分传统文化，如木雕、烙画等非遗文化，以民间艺术的形式流传千年，更适合手把手言传身教而得以延续，师徒制、传帮带是其主要传播途径。这与当下新媒体的传播方式和交互手段不相适应。新媒体技术的发展，使人们将更多的注意力转移到了社交媒体平台，这就使得一些没有跟上时代发展节奏的传统文化陷入了传播困境。传统文化和新媒体之间存在着隔阂，中国文化博大精深、源远流长，经过一代代的积累，涵盖了经济、宗教、文学、艺术、政治以及哲学等各方面，具有很强的内在联系，构成了一个完整的文化关系。由于传统文化自身的许多特性，它还静静地躺在历史的长河中，而对于快速发展和突如其来的新媒体则要有一个适应过程。新媒体作为现代科技的产物，在某些方面上对于传统文化的传播还具有一定的不适应性。

3. 面临外来文化冲击

新媒体的出现弱化了空间和地域的界限，让"地球村"成为可能。通过全球互联互通的网络，人们可以收发来自世界各地的信息，当然也包括传统文化信息。在网络上，各个国家和地区的文化内容、文化形态不断碰撞、交流，从而加速了信息全球化、文化全球化的进程。伴随着政治、经济全球化，各国之间的文化交流也不断深化，文化融合的进程逐渐加快。在这一过程中，中国传统文化难免受到外来文化的冲击。例如，美剧、韩剧、日本动漫等在中国青年群体中的流行，就是典型的文化输出模式。从长远来看，这些外来文化会对人们的思维方式、价值观潜移默化地产生影响。

4. 数字化传播创新力不足

麦克卢汉认为，媒体的出现与发展会对人们的理解方式和思维方式产生影响。随着媒体的发展，人们的组织方式、行为方式以及思维方式也在某种程度上发生了变化。媒体技术能够从某种意义上促进社会和文化的发展，并改变原有的信息沟通方式。中国的传统文化是经过数千年的发展而形成的，在数码技术还没有普及之前，主要依靠语言、口口相传和文字等方式进行传播。如今，随着数字化技术的兴起、大众传播时代的来临，传统文化的传播方式已经被彻底颠覆，而目前的传统文化的传播与发展更是离不开数字技术的支持。

除此之外，在新媒体背景下，还存在着信息管制不严谨的问题。近年来，新媒体发展迅速，但是增加缺少健全的管理体系，同时当前新媒体中所存在的部分技术手段使其管理难度增加。每天都有海量的信息充塞互联网空间，其中不免有负面信息、虚假信息以及诈骗信息等。我们正处于一个信息爆炸的时代，人们在网络上很难分辨真假。有时候人们甚至很难在网络的海量信息资源中找到真实的、有用的、自身需要的信息。新媒体虽然带来了一定优势，但这种畅通无阻的传播形式对传统文化也带来了不良的影响。

5. 严肃性遭遇娱乐化冲击

中国的传统文化有着从上而下、由中心向外围扩散的精英化传播特点。在新媒体时代，传播具有双向性、交互性，是一种由传播者和受众共同参与的交流，呈现出扁平化、去中心化的倾向。与此同时，人们使用新媒体的休闲娱乐需求不断得到释放，并在快速发展和丰富的传播形态中获得了极大的满足。娱乐化、碎片化的新媒体形式对传统文化的传播产生了冲击。满足大众娱乐需要成为新媒体发展的根本动力。在此背景下，传统文化的严肃性打了折扣，为迎合新媒体过度娱乐化的传播特点，甚至出现了对传统文化内容进行改编、戏说的再加工，导致了传统文化的变味或歪曲。随着新媒体的瞬时性、碎片化的传播，传统文化的简化、解构和快餐式的消费，使其成为单纯的文化符号的复制品，很难实现真正的文化交流。"快餐文化"是新媒体时代的一种文化特征，在心理和时间的双重压力下，那些可以被迅速吸收的新文化逐渐被人们接受。而中国的一些传统文化，因为其历史传承、渊源等诸多因素，并不适合新媒体传播，不知不觉中陷入了困境。

（三）对外汉语教学推广背景下中国传统文化传播存在的问题

1. 传播者方面

从对外汉语教师队伍来看，一般专业出身的教师大部分是语言学专业出身，对于中国传统文化方面了解得较少，再加上中国传统文化课需要教师拥有丰富的传统文化知识和熟练的传统技艺，还有跨文化交际的意识。这些条件加起来就很难有专业的教师能够担任这一职位。但事实上，对外汉语教师由于自身的中国传统文化基础知识不够扎实，缺少跨文化交际的思维，在中国传统文化教学中碰到跨文化交际问题时会无从下手，不知道如何从留学生不同的文化背景出发，采用合适的理论知识和教学手段进行中国传统文化教学。一旦发生问题，会导致教学过程出现故障，会让留学生一知半解，不知道从何下手，也不能正确地了解中国传统文化。例如，在讲到筷子这一文化产物时，我们都知道筷子是中国人日常饮食中所必须使用的工具，教师在讲解筷子时，应该指出筷子象征着天圆地方，与阴阳也有所联系，还可以介绍关于筷子的一些忌讳事情等。这些知识就属于筷子这一事物背后所蕴含的中国传统文化知识，但如果只是简简单单地跟学生讲每个中国人都习惯用它等，就会让留学生觉得这个文化内涵比较空洞，甚至觉得没有内涵，只是一个工具的存在。

2. 受传者方面

从教学对象来看，他们来自五湖四海，每一个留学生都有其差异性，大到国家、民族、文化背景、宗教信仰，小到家庭背景、个人能力。在国内高校一个班级里的学生可能就来自好几个国家，这就导致进行中国传统文化教学时需要花费更多的精力去理解文化差异。而且不同文化背景的学生对中国传统文化的兴趣也是不尽相同的。中国传统文化课有大量的文化名词和哲学思想，这些复杂的内容很难通过简单的语言传达给学生,而且这些学生的汉语水平参差不齐,但中国传统文化课对于不同水平的学习者应教授不同的内容知识,究竟哪些传统文化知识是初级汉语水平者能接受的,哪些是汉语水平中级学生、汉语水平高级学生所能接受的内容,并没有一个确切的标准。

3. 信息方面

(1) 教材缺少国际化视野

从教材方面来看,我们知道,语言文化是具有共通性的,如词汇、语法等。另外,语言也是有差异性的,语言的差异性体现在各个国家的地理环境、生活习惯、风俗习惯、思维方式、制度文化、价值观念、宗教信仰等方面。目前,市面上的中国传统文化教材,很多都是站在中国人自己的立场上来进行编写的,并没有考虑到留学生的国家、民族、宗教信仰等不同因素。另外,由于中国传统文化内容太多,虽有系统性的中国传统文化教材,但是这些教材的内容也只是一些简单的理论知识,并没有细致地对某一个方面进行详细的描写。由于缺少教育性与趣味性,就会让留学生觉得枯燥乏味,提不起学习的欲望。

(2) 教学内容不够精练,缺少趣味性

在教学内容上,很多对外汉语教师缺少对教材与国别的针对性的教学理念,对于不同特质的留学生没有进行针对性的传统文化教学。随着我们的汉语教育更加国际化,留学生来华学习的欲望变得强烈,留学生人数逐年增长,而且这些留学生分布广泛,来自世界各个大洲的各个国家,同时这也间接地反映出留学生之间的差异比较显著。我们的中国传统文化教学内容的设置却没有把握留学生之间存在的差异这一特点,从而使得教学的效果不佳。

经过研究得知,中国传统文化教学的课程设置主要有两种形式类型。第一种是单独设置中国传统文化课程,如书法、绘画、古代文学、节日风俗、社会历史文化传统思想、传统建筑等;第二种是在汉语语言课程教学中合理地穿插相关的中国传统文化知识。两种方式既有优点,又有缺点。第一种形式的优点在于内容丰富且形式多样,每个领域的中国传统文化都包含其中。缺点就是对于留学生而言,他们并不能像中国学生一样很快地吸收和理解这些传统文化,他们的汉语语言能力、思维方式不同,文化归属感与我们之间也存在诸多差异,所以很容易导致他们无法轻易地理解这些教学内容。第二种方式是在汉语语言课程教学中合理地穿插相关的中国传统文化知识，但在语言教学里引入中国传统文化知识似乎并非一件简单的事情，穿插的方式过硬会导致学生不容易接受。

4. 媒介方面

（1）中国传统文化课与教学环境不相匹配

教学环境包括硬件设施以及软件设施，针对这一点，每个学校的教学环境各不相同，各有各的特点，具有较大的差异性和不平衡性。一般来说，学校所在地经济发达、学校知名度高等因素会促使该校的教学环境越来越好。在一般的情况下，一堂中国传统文化课是在一个传统的教室里进行的，课堂教学所需要的道具都是由教师本人来准备，如果道具不方便携带，教师就会以图片或者口头描述的形式让学生感受，这让学生不能够直观地、全面地体验中国传统文化，降低了学生对中国传统文化的学习兴趣，如戏曲中的戏服、瓷器、中国古典乐器等。

（2）教学方法过于单一

目前，对外汉语教学界对于中国传统文化教学的相关研究还处于"摸着石头过河"这一阶段，对中国传统文化教学模式的研究也处于探索阶段。国内大多数高校设置了传统文化教学课程，但主要是由教师理论性地向学生介绍中国传统文化的基本常识，在一定程度上缺乏实践性。教学模式的单一导致学生对中国传统文化知识的学习感到枯燥，甚至产生厌烦和抗拒心理。总的来说，单一的教学方法、师生之间的互动缺乏、填鸭式的教学活动使得留学生是在被迫接受文化知识点的灌输。教师局限的教学思维模式导致教师只关注理论的教学，致使教学目标难以达成。

三、当前传统文化传播存在问题的原因

（一）霸权式的文化渗透

中国传统文化作为几千年来流传下来的财富，是一种精神上的象征，它带着自己独有的文化内涵和意义进入了现代媒介的传播过程中。随着时代的不断进步，文化以不同的媒介形式为载体进行传播，文化能在一定程度上引导社会的走向，

引发人们一定的社会认同。在文化的背后隐藏了一定的"社会领导权",因此有了利用文化来操纵人的思想意识的说法,也就是文化霸权理论。

西方国家在文化霸权理论的认识方面,经历了一段时期的发展。马克思主义文化研究者葛兰西(Gramsci)的文化霸权理论认为,"国家的形成和社会秩序的维系,并不是靠统治者高压性的统治,而是基于统治者通过各种教育、文化和传播的渠道等意识形态制度,塑造文化领导权的"。换言之,统治阶级可以不用暴力来维护社会的政治经济秩序或者夺得领导权,而是要抓住意识形态上的领导权。统治阶级可以在意识形态领域,以文化为依托,对被统治阶级进行领导。葛兰西提出的文化霸权理论,预示了文化与社会发展之间的重要关系,重点强调了统治阶级可以通过文化对被统治阶级进行意识形态上的领导,而非通过暴力来实现其外在的统治。

当前,西方霸权主义国家正企图凭借自己的经济优势,通过文化附属品进行文化渗透的方式,竭力向中国推销自己的文化价值观,从而获得意识形态领域的领导权,实现霸权统治。

霸权式的文化渗透并不可怕,关键是国人对这种霸权思想的抵抗力、防御力,社会学家费孝通曾说过:"文化自觉只是指生活在一定文化中的人对其文化的自知之明,明白它的来历,形成过程,在生活各方面所起的作用,也就是它的意义和所受其他文化的影响及发展的方向,不带有任何文化回归的意思,不是要复旧,但是同时也不主张西化或全面他化。"

对于中国而言,文化自觉是对中国传统文化的自知之明。了解随着时代发展与进步而不断丰富的传统文化,既不复旧也不全盘西化,是一种跟随时代发展的中立态度。文化自觉重在自觉,自觉是核心和关键,自觉是随着媒介环境和社会环境的变化,原来既有的传统文化内涵和传统的文化媒介方式早已不适应,也就出现了某种变迁,在文化上要认识这样的变化与变迁,通过人的自觉,来实现文化的自觉。

(二)消费主义的潜在影响与泛娱乐化的盛行

学界关于消费社会的定义最早可追溯到法国社会学家让·鲍德里亚(Jean

Baudrillard）1970 年出版的《消费社会》一书,他在书中这样描述消费社会:"今天,在我们的周围,存在着一种由不断增长的物、服务和物质财富所构成的惊人的消费和丰盛现象。它构成了人类自然环境中的一种根本变化,恰当地说,富裕的人们不再像过去那样受到人的包围,而是受到物的包围。"消费社会的重点是消费,也就是说,人们买东西不再是为了东西本身,而是被东西本身附加的符号价值所吸引。用索绪尔符号学的观点可以准确地解释其内涵。在消费社会里,简单的消费行为减少,更多的消费是商品的符号和意义的消费。受到消费社会的影响,社会文化相较以前也出现了一些转变,于是在消费社会的基础上出现了消费文化。

当前人民生活水平不断提高,物质富足,我国也进入了消费社会,出现了消费文化,它潜移默化地影响着人们的日常生活,而传统文化也不可避免地受到了消费社会和消费文化的影响。人们对于各种文化形式和文化产品的消费是当前传统文化传承传播的重要基础条件,然而消费主义文化盛行,有些人在进行传统文化消费时,更注重的不是传统文化的内涵而是其他的附加的符号,这种消费行为对于传统文化的传播传承来说,不是一件幸事。

现如今的移动互联网时代,人人都可以成为传统文化信息的传播者和接收者,大众传媒将传统文化的传播范围变得更广。但传统文化在符号化的过程中,现代信息消费社会的各种弊端也无可避免地融入传统文化,使传统文化被重新解读。

娱乐在潜意识中一直是愉快的象征,而在大众文化中,娱乐也一直被推崇,然而娱乐所带来的却不仅仅是愉快的表象,也会带来一定的困扰和消极影响。有学者认为,古罗马的角斗文化在给人们带来娱乐的同时,也导致了古罗马的覆灭。有学者认为,大众文化在当前消费主义的社会环境影响下,变得更加娱乐化,而受众沉浸其中则是传统文化娱乐化传播趋势的重要原因。

沉浸理论是 1975 年由心理学家米哈里·契克森米哈（Mihaly Csikszentmihalyi）首次提出的,解释当人们在进行某些日常活动时为何会完全投入情境当中,集中注意力,并且过滤掉所有不相关的知觉,进入一种沉浸的状态。沉浸理论主要指受众在虚拟环境和媒介传播中的一种忘我和专注的状态,而在娱乐化传播的过程中,受众也存在沉浸的状态。在当前传统文化娱乐化传播趋势下,受众在娱乐化的表征与娱乐化情境中呈现出一种沉浸在忘我中的状态,电视节目中的高收视率可以侧面体现出这种状态。受众这种沉浸于娱乐的状态使得传统文化传播过程中娱乐手段和途径更多样化，长期如此，受众可能会沉迷于这种状态，在各种方面产生更多的娱乐需求。

消费主义的影响与泛娱乐化的盛行，弱化了传统文化内涵和价值的传播，久而久之，不利于中国优秀传统文化的传承和发展，削弱了国人的文化认同与文化自信的建构。

（三）传播思维固化与时代性转化不足

中国传统文化是内涵丰富具有一定深度的文化形式，但在当前媒介的传播过程中，主要停留在对传统文化原有意义的传播上，传播的思维相对固化，缺乏对传统文化深入内涵的挖掘。在当前的传播环境下，传播者只是把简单的传统文化信息呈现到媒介上，缺乏深入且通俗化的解读甚至创新。在这样的传播模式下，传统文化会逐渐无法被广大民众赏读。在我国互联网技术未发展成熟以前，传统文化的传播方式相对固定，其传播渠道也十分单一。书籍、报纸等传统媒体依靠其固定的传播渠道，按照固定的传播流程进行传统文化传播。比如，《中国文化报》仅仅通过报纸发行的形式进行传统文化传播，关于唐诗宋词一般是通过书籍的形式进行文化传播等。这种单一的传播渠道需要一定的传播成本，并且对传播者和接收信息的受众都有一定的要求，使传统文化的传播受到限制。

传统文化是一个不断发展变化的概念，其内涵随着时代的发展不断变化。在传播过程中，其传播内容需要不断推陈出新、与时俱进，不断丰富其时代内涵，以适应当前文化传播传承和社会发展的需要。如《人民日报》对传统文化内容的报道紧跟时代步伐，并在文章中深入挖掘各类传统文化的时代内涵，展现传统文化在当代社会的独特魅力和蓬勃生命力。

随着时代不断发展与进步，在当前的现代化建设中，提出了弘扬文明新风尚的目标。对于一些旧的传统文化民俗活动来说，其与现代社会的发展理念相悖，对于那些落后的活动来说，媒体要发挥其导向作用，运用社会主义核心价值观来进行引导，彰显时代意义，使其融入新时代的内涵和价值观念。随着工业化浪潮的推进，地域文化面临市场短缺、手艺失传、传承断层等问题，这在客观上反映出传统文化时代性转化的不足，所以对其进行时代性转化势在必行。

（四）传统文化与数字转化的矛盾

托夫勒（Toffler）曾在《第三次浪潮》中表示，人类将迎来继农业阶段和工业阶段后的第三次浪潮，即信息化阶段。当前，人们对信息的认知模式、生产方式和传播方式都在发生巨大的变化。在文化全球化的今天，中国传统文化本就处于转型发展的境地，而随着信息化、数字化时代的来临，传播过程发生了很大改变。当前传统文化的传播正处在一个由数字技术为主的媒介传播环境中，因此，传统文化的传播也不可避免地进入数字化传播时代。

对于传统文化来说，传统文化与数字化转换有一定矛盾。传统文化在我国有长期的历史现实基础，在文化传播中拥有独特的地位。传统文化是几千年来逐渐形成的文化类型，具有独特的地位，而这种历史进程中的发展决定了传统文化具有意象化和隐喻性等特点。传统文化内涵丰富，也具有一定的情感指向性。互联网这种新兴的传播媒介具有虚拟性和交互性等特点，与传统文化难以融合，因此各类传统文化内容在数字化的过程中，其中蕴含的情感往往难以展现。各类传统文化网站和 App 仅仅将传统文化的外在内容以简单信息、图片和视频等形式编辑到网络上，导致内容和形式千篇一律，而真正的内涵却没有准确表达，那么受众在网络这种传播媒介的影响下也无法真正体会到传统文化的内涵。

目前的数字化技术主要服务于传统文化数字化中的某一具体环节。当前我国的数字化系统相较于发达国家来说不够健全，针对传统文化的数字化处理系统并未形成。先进的数字化技术，如数字建模和虚拟现实虽正在推广，但在当前传统文化的传播传承中尚未大规模应用，所以，传统文化传播全面数字化还有一段很长的路要走。

第五章　中国传统文化的创新探析

中国传统文化的创新性发展作为一个时代性的命题，它的提出不是偶然的，而是有其历史的必然性。为了更好地推动中国传统文化的传承和发展，有必要对中国传统文化的创新价值和要求进行深入探究。本章分为中国传统文化创新的价值意蕴、中国传统文化创新的实践要求、中国传统文化创新的必要性与可行性三部分。

第一节　中国传统文化创新的价值意蕴

中国传统文化中的思想观念一直激励和推动着中华儿女在前进的道路上矢志不渝、奋勇拼搏，从而形成了中华民族的伟大民族精神。当前，我国正处于百年未有之大变局，应用中国传统文化创新性发展为增强文化自信提供强大驱动力。具体而言，其既能够使社会主义核心价值观持续发挥自身的重要引领作用，抵御各种不良社会文化思潮，又能使中国文化影响力得以有效提升，文化软实力得以显著增强，在社会主义文化强国建设的过程当中属于不可或缺的重要一环，更对树立道路自信、理论自信、制度自信以及文化自信，实现中华民族伟大复兴的中国梦有着至关重要的作用。

一、有助于巩固社会主义核心价值观的引领地位

卡尔·马克思（Karl Heinrich Marx）指出："理论只要说服人，就能掌握群众；而理论只要彻底，就能说服人。"因此，社会主义核心价值观只有成为人们自觉遵守的规范，才能够对中华儿女的思想行为产生正确指引。同时，对于社会主义

核心价值观而言,中国文化是其得以形成的根源,因此两者之间的关系非常密切。中华文明延绵不绝主要得益于中国传统文化的民族向心力和凝聚力。中国传统文化所倡导的"天下为公""和而不同"的基本理念可以对人们的思想行为产生重要影响,因此,社会主义核心价值观的培育应吸纳中国传统文化中的养分。中华儿女应对社会主义核心价值观的形成本源进行认真的审视和思考,在此基础之上树立和增强文化自信,从而将其特有的民族性特征展现出来,进而使其深植于中华大地,使其生命力和历史说服力得以显著增强,最终形成充分认同并将其贯彻落实到具体的行动中。

社会主义核心价值观具体由国家层面、社会层面以及个人层面的价值目标构成,其思想底蕴均源自中国传统文化。从国家层面来看,在中国传统的思想文化中最具代表性的就是"水可载舟,亦可覆舟""和为贵"等;从社会层面来看,最具代表性的思想则是"不殊贵贱,一断于法""礼法共治"等;从个人层面来看,最具代表性的思想则包括"人而无信,不知其可也""天下兴亡,匹夫有责"等。这些思想意蕴完全契合了我们当前所倡导的社会主义核心价值观的理念,由此也充分说明了中华民族发展的目标从古至今从来都不曾改变过。因此,为了使三个价值目标均能够顺利实现,使国民在价值观方面所存在的疑惑得到释疑,就应汲取和借鉴中国传统文化,从中学习和利用先人所积累起的宝贵经验及智慧,继承和大力弘扬千百年来所源远流长的向善的思想文化,使之能够更好地服务于社会主义核心价值观的培育以及实践。

二、有助于抵御各种不良社会文化思潮

改革开放政策的实施让世界认识到了真正的中国,但是与此同时,一些不良的社会文化思潮进入中国,对公众的认知以及心理产生了冲击,对于和谐社会的构建产生了不利的影响。在社会上,不仅开始滋生急功近利思想、享乐主义以及拜金主义,更出现了欺诈自私、道德沦丧等问题。

在这种情况下要想保持社会的和谐稳定,就必须向传统文化寻求帮助。中国传统文化强调"义"字当先,追求发展的和谐性,且"和气生财"自古以来都是中国人做事的基本准则和信条,"君子爱财,取之有道"所阐释的就是这个道理。

中国人向来比较注重大局观念，也对道德修养等非常重视，与个人利益相比较而言，首先还是以国家和集体利益为重。现如今，应发挥中国传统文化的教化力量，使人们的思想、道德得以涵养，使人们躁动不安的内心得到安抚，将精神家园的净土守住，促进社会的健康、稳定以及长远发展。

三、有助于提升道路自信、理论自信、制度自信、文化自信

中国特色社会主义自信具体体现在道路、理论、制度、文化四个方面。其中，道路自信就是坚定未来发展的基本方向，对于我国而言，就是将中国特色社会主义道路矢志不渝地走下去，将其视为中华民族伟大复兴的必要保障，以及攻坚克难的制胜法宝；理论自信就是对马克思主义理论，特别是中国特色社会主义理论体系的科学性、真理性的自信；制度自信就是对中国特色社会主义制度先进性和优越性的自信；文化自信是对中国特色社会主义文化先进性的自信。四个自信彼此之间存在着密切的关联，属于互相依赖和共同发展的有机统一体。道路、理论、制度自信并非信手拈来，也不是妙手偶得之，而是在艰苦卓绝的革命斗争以及现代化发展的实践当中所形成的，是建立在深厚的中华民族文化基础之上的，因此，其文化渊源非常深远。对于文化自信而言，它是与其他三个自信相互交融的，通过它能够从文化层面滋养"道路自信"，能够从精神层面推动"理论自信"，也能够从价值层面引导"制度自信"。

新时代文化自信的建设有力地推动了中国的发展，使得中国特色社会主义事业能够获得巨大进步。

四、有助于实现中华民族伟大复兴的中国梦

实现中华民族伟大复兴的中国梦，是中华儿女最伟大的梦想，要想实现这个目标，就要对中国传统文化进行传承与弘扬。假如中国梦没有中国传统文化的滋养和助力，它就会像无源之水、无本之木。中国梦是中国传统文化价值理念的具体体现，是中华儿女孜孜不倦追求的目标，是新时代"大同"的美好社会目标。中国传统文化中的"天人合一"思想有利于人与自然之间保持和谐的关系，"以民为本"的思想对当下治国理政具有指导意义，"居安思危"的科学思想等能够

为实现中华民族伟大复兴的中国梦带来不竭的源泉。

中国民族众多，各个民族的生活习惯和文化习俗都存在一定的差异。千百年来，中华民族之所以能够繁荣昌盛、保持和谐稳定，关键就在于各民族儿女对优秀传统文化的传承和弘扬，源自其所产生的强大民族认同。中国传统文化给各民族的发展提供了源源不断的"能量"，从而使大家更加坚定地认同并践行优秀传统文化。现如今，随着文化多元化的发展，我们必须传承优秀传统文化并使其与文化自信建设相融合，促进民族向心力和凝聚力的有效提升，更好地团结广大人民，推动中国梦的实现。

五、有助于增强中国文化软实力

中国传统文化是构建"文化软实力"的内部要素。21世纪，文化软实力成为国家综合国力和国际竞争力的重要组成部分。文化贯穿国家现代化建设全局的核心，是维系软实力的灵魂。从历史的角度看，软实力之所以关乎国家强弱、民族兴衰、人民贫富，主要是由其文化软实力因素决定的。

缺乏丰富的精神世界，就无法激发文化的创造性，国家和民族自然无法立足于世界。五千年的中国传统文化自然是我国提升文化软实力的重要基础。在建设中国特色社会主义、实现中华民族伟大复兴中国梦的道路上，必须加强对文化软实力的研究，为国家综合实力的进一步增强服务。

中国传统文化是"文化软实力"的外部符号。当和平与发展成为时代主题，文化软实力作为综合国力的重要组成部分，在各国发展中起着非常重要的作用。我们能够清楚地认识到软实力具有硬实力不可替代的独特作用，它既能够为人民提供思想上的保证、增强中华民族的凝聚力，又能够客观完美地展示出中国形象，散发中国文化的魅力，提升我国的国际影响力。

重振国学、弘扬和创新中国传统文化，有利于促进马克思主义的中国化和形成中国化的马克思主义；加强青少年对中国传统文化的学习，能够大幅度提升青少年道德水准，对我国培养合格的社会主义接班人意义重大；继承、发展和创新中国传统文化，对于传承中华文明、实现文化认同与民族认同意义巨大。

第二节 中国传统文化创新的实践要求

纵观当前发展形势，不难发现，随着中国特色社会主义的不断发展，传统文化在其中发挥着越来越重要的作用。那么，为了顺应时代发展，我们对中国传统文化的创新也必定会提出新的实践要求。可以说，实现中国传统文化的创新性发展，必须坚持中国共产党的领导、坚持"为人民服务""为社会主义服务"、坚持在继承中创新、坚持中国文化立场、坚持多元并存协同发展的原则。

一、坚持中国共产党的领导

用中国优秀传统文化创新促进文化自信建设，不仅与国家的兴亡息息相关，同时也是中华民族伟大复兴是否能够顺利实现的决定性因素，更是与党思想理论建设存在着密切的关联。因此，必须坚持中国共产党在中国传统文化创新性发展过程中的领导地位。

坚持党领导下的传统文化创新性发展在很大程度上取决于在我国社会主义事业发展当中中国共产党所扮演的角色。近代以来，中华民族长期处于水深火热之中，面对外敌入侵，爱国志士为挽救民族危亡做出了不懈的斗争和努力。在中国共产党的带领下，人民解放和民族独立的目标得以最终实现。通过实践不难发现，正是因为中国共产党的坚强领导，中国人民才能够在革命斗争和现代化建设道路上不断奋进，不断地获得成功。

通过中国优秀传统文化来推动文化自信的树立，既需要我们充分保护和传承传统文化遗产，选择性地汲取国外文化的优秀部分，实现对文艺创作的创新发展，也需要提供足够的资金支持，又要从法律层面提供有力的保障，加强政策层面的扶持等。坚持中国共产党的领导则是实现上述工作目标的必要保证。

二、坚持为人民服务、为社会主义服务

"为人民服务，为社会主义服务"思想的提出源于中国人民长期的斗争和建设实践，是对中国特色社会主义文艺运动经验进行的梳理和总结，是为了满足当前社会主义现代化建设的实际需求，以更好地繁荣和发展社会主义文艺。中国传

统文化的创新应当依赖于人民大众,也必须坚定不移地走社会主义道路。

古往今来,百姓的重要地位得到了普遍认同。"足食,足兵,民信之矣",点明了治国理政过程当中群众的重要性。马克思和弗里德里希·恩格斯(Friedrich Engels)曾在《神圣家族》中指出:"历史活动是群众的活动。"

传统文化主要依靠人民来创造和传承,因此,传统文化的创新必须对人民群众的主体地位给予充分尊重,确保人民的主体作用得到最大限度发挥。人民群众创造了历史,是推动历史前进的动力,是时代的主人。因此,在面对如何有效传承和利用传统文化等问题方面,都必须确保人民群众最大限度地发挥作用,要对人民群众的切实需求给予充分尊重。除此之外,还要将传统文化中的精髓融入人民群众的日常生活以及生产实践当中,使文化的表现形式更加易于被人民群众所接受。

众所周知,社会主义初级阶段是我国当前乃至于今后的基本国情,我们必须将为社会主义服务的思想贯穿于社会主义建设的各个领域。因此,这一基本原则应贯彻于中国传统文化的创新性发展中。"社会主义文艺是人民的文艺,必须坚持以人民为中心的创作导向,人民是文艺创作的源头活水。"由此不难看出,为社会主义服务是中国传统文化创新的实践要求之一。为社会主义服务和为人民服务本质上是一致的,它们是有机地联系在一起的统一体。

总而言之,在对中国传统文化进行创新的过程中,坚持为社会主义服务和为人民服务的实践要求,归根结底在于使人民越来越丰富和多元化的文化需求得到满足,推动人各方面的协同发展,在繁荣经济的同时构建更加和谐稳定的社会环境。

三、坚持在继承中创新

任何事物的发展都不能脱离其本身,中国传统文化的创新发展也是如此,应当处理好继承和创新两者之间的关系。继承与创新是文化发展过程中至关重要的两个方面,两者是统一的,缺一不可。继承是创新的前提和基础,而创新则是继承的目的和归宿。

中国传统文化的创新性发展,必须坚持在继承中创新,对待传统文化要"取其精华，去其糟粕"，做到推陈出新、革故鼎新。

四、坚持中国文化立场

世界经济、政治和文化的一体化发展，促使各民族文化不断碰撞和融合，但是亘古不变的是对和平与发展的追求。在这种态势下，对中国传统文化进行创新应当保持文化的民族性，使中国文化的主体地位得到有效巩固。具体而言，就是要确保中国文化能够切实增强自身的原创性和自主性，并且还要严格遵循中国文化中的价值观念以及思维模式对现实世界进行改造。这不仅是一个理论问题，更是一个实践问题。

在文化创新的进程中，要坚持中国文化的主体性。中华民族在长期的实践中创造了中国传统文化，而坚守中国文化就是要将中华民族与中国传统文化的关系界定清楚。其中，中华民族是主体，中国传统文化是客体，两者之中一个是创造者，另一个则是被创造者。因此，在对传统文化进行创新时必须对中华民族的主体地位给予高度尊重，唯有如此才能充分调动中华儿女的积极性，使其能够更加积极主动地参与到中国传统文化的创新发展中。

在文化创新进程中，也要坚持中国文化的本位性。置身于文化多样化的环境中，在对中国传统文化进行创新时必须以中国文化为核心。当然，这并非要将其他民族文化拒之门外，"闭门造车"势必会导致落后的局面。中国文化始终保持自身的本位性，就是要基于中国文化的主体地位，在面对外来文化时能够保持客观和理性的认知，在与世界各国文化进行交流时坚守中国文化立场，彰显中国文化魅力。

五、坚持多元并存、协同发展

推动中国传统文化创新性发展需要坚持多元并存、协同发展的原则，这主要取决于中国传统文化与社会主义先进文化、红色文化彼此之间的相互关系。它们彼此之间既相互独立，同时也存在着密切的关联，并且共同服务于中国特色社会主义建设实践，因此，必须将三者的关系处理好，充分发挥其合力。具体而言，红色文化和社会主义先进文化必须以中国传统文化为根基；而红色文化则进一步继承了优秀传统文化；社会主义先进文化则是对红色文化与优秀传统文化的弘扬发展；红色文化和社会主义先进文化中的很多思想来自中国传统文化，如体现奉献精神的"舍己为人"思想，体现创新意识的"革故鼎新"思想，等等。

红色文化在对中国传统文化思想精髓进行传承的基础之上，要将传统的思想束缚彻底打破。此外，社会主义先进文化的形成和发展也必须依赖于红色文化中的理想信念。社会主义先进文化对中国优秀传统文化和红色文化的思想精华进行了有效的传承，实现了创新发展。中国特色社会主义文化的产生和发展正是得益于三者的相互融合、相互促进，为中国特色社会主义伟大实践提供了强大的精神支撑，对于民族复兴目标的实现具有积极的推动作用。所以，在实践中要处理好三者之间的关系，把中国传统文化的创新置于我国文化建设发展全局之中，通过三者的有效互动实现三者协同发展。

第三节　中国传统文化创新的必要性与可行性

中国传统文化的创新性发展是符合社会历史发展潮流和中国社会现代化建设要求的。优秀传统文化的创新性发展是近年来我们一直提倡和重视的。优秀传统文化是各个时代人民物质、精神生活的产物，对于社会的发展具有重要作用。现今，优秀传统文化的创新性发展有利于解决社会现实问题，推动社会发展，且有其存在和发展的必要性和可行性。

一、中国传统文化创新的必要性

中国传统文化的创新性发展是社会历史发展的必然要求，是现代社会进行全面建设和发展的重要部分。在现今中国社会的建设发展中，文化建设至关重要，优秀传统文化的创新性发展就是文化建设的重要方面。优秀传统文化必须不断创新，这样才能不被社会所淘汰。优秀传统文化的创新性发展有利于解决当前文化建设中出现的部分问题。总而言之，在社会主义建设过程中，优秀传统文化的创新有其必要性。

(一)中国社会全面发展的实践需求

根据当前中国社会的发展现状来看,中国的总体目标是实现社会的全面发展,而不只是单一的经济发展。单一的经济结构很难全面、迅速地发展民族经济,不利于社会的整体和长远发展。就以前的发展经验来看,单一的经济发展虽然一定程度上能够提高国家的经济实力,为进行世界性的经济交流提供支撑,但是不难看出,社会其他方面的发展与经济建设发展是不协调的,特别是文化建设。单一的经济发展模式不利于中国社会的全面发展,不利于实现中国现代化建设的总体目标,因此,今后我们的主要任务是进行中国社会的全面发展建设,努力推进其他层面的建设,实现中华民族的伟大复兴。

之所以提出文化强国战略是因为文化在现代社会发展中具有重要作用。一方面,中国传统文化内容丰富,其中包含许多重要的治国策略和正确的价值观念,这对于中国社会其他方面的建设来说具有一定的理论指导意义;另一方面,优秀传统文化是普通民众在生产和生活中所创造出来的,易于被人民群众所接受和认同。改革开放以来,中国经济已经实现了飞跃发展,但现今国家之间的竞争,已经更多地涉及文化建设层面,因此,实现中国传统文化的创新和发展是实现中国全面发展的必要途径。

(二)中国传统文化持续发展的内在需求

中国传统文化产生于普通民众的生产与生活之中,是历代中华儿女运用自己的智慧所创造出来的,是中华民族历史文化的重要组成部分。中国传统文化伴随着中国社会整个的历史发展,经历了众多朝代的兴盛和衰败,不断推陈出新,具有极强的生命力,并且它在世界范围内的影响力也逐步提升。

中国传统文化之所以能够持续发展,就其本身来说是因为它具有极强的包容性,它不是一成不变的,而是随着时代的发展变化而不断变化,不断地寻求适合自己生存和发展的土壤。从中国整个历史来看,中国传统文化的发展较为曲折。中国传统文化在春秋战国时期较为鼎盛,当时百家争鸣,各学术派别争相发展,并且当时的很多理论延续至今,仍具有重要的现实意义。隋唐时期也是中国传统文化发展较为鼎盛的阶段,当时中国文化的世界地位较高,这一时期世界上的很多国家都多多少少会受其影响。

(三) 有效应对当前文化挑战的需要

对我国现实的文化状况进行分析可以得知,我国现在正面临着较为严峻的文化挑战。一方面,我国正处于社会转型期,文化建设方面还存在一些问题;另一方面,从国际形势来看,各国之间的文化竞争越来越激烈。中国传统文化进行现代化的转化和创新,有利于提高本民族文化在人民群众中的接受度,特别是在年轻一代当中,从而提高本民族文化的存在感,为本民族文化面对外来文化冲击提供重要的力量支撑。

二、中国传统文化创新的可行性

中国传统文化所具有的神韵、气度、智慧以及理念都是绝无仅有的,也是其能够不断延续和传承的根本保障。当下的中国在现代化建设方面成绩斐然、成就卓著,这就使中国传统文化的创新具备了可行性。

(一) 现代化建设成就卓著

改革开放政策实施到现在,中国的成就有目共睹,令世人感叹,也正是因为如此,才有力地推动了中国现代化建设。在这种发展的大背景下,必须对蕴含于中国传统文化与中国现代化建设相契合的内涵进行充分发掘,然后对其进行创新,进而从理论层面和精神层面推动中国特色社会主义建设。

1. 社会主义市场经济发展提供了新思路

文化与经济互相渗透、互相促进,中国优秀传统文化所具有的文化内核对于经济发展有推动作用。因此,对优秀传统文化进行重新审视和借鉴,才能够更好地振兴和发展中国经济。随着现代化建设的进一步发展,人们逐渐认识到传统文化可以为经济发展提供强大的驱动力,这将给中国传统文化的创新提供新的机遇。

关于经济的可持续发展,需要立足于现代化思维来阐释"天人合一"思想。"天人合一"的思想形成于古人对人与自然关系的处理过程中,这是基于宏观层面上的生态伦理观,其中所蕴含的思想包括人与自然和谐共处以及尊重自然规律等,为政府确立经济发展战略提供了重要的参考价值。近年来,快速发展的工业虽然创造了非常可观的经济效益，但与此同时也危及了生态环境安全。一些地区以牺牲环境为代价来换取工业的发展，严重破坏了生态平衡，对人类的生存产生了巨大的威胁，带来了不可估量的负面影响。由此不难看出，社会发展的关键之处就在于要确保发展和生态的协调均衡，必须辩证地认识该问题，不能只顾眼前而放弃长远，必须基于自然规律去发展经济，从而实现可持续发展。

"中国制造"的发展需要我们对传统文化中的诚信思想进行现代阐释。诚信始终是中国传统文化中的重要构成部分，"人而无信，不知其可也"，即人必须讲诚信，企业也必须讲诚信，否则人就不可能在社会上立足，企业之间就无法有效合作。所以，诚信是企业在市场经济条件下面对挑战的制胜法宝。

经济发展从古到今都离不开中华优秀传统美德的支撑，例如，同仁堂始终秉承着诚信理念，所以才能够历经三百年风雨而屹立不倒。目前，世界上诸多国家已经越来越认同"中国制造"。要想使"中国制造"在国际舞台上站稳脚跟，就必须严格按照中华优秀传统美德来高标准要求自己，高度重视产品和企业声誉的培养，从而才能在世界市场上占得一席之地。

2. 民主政治建设提供了新契机

"和而不同""协和万邦"等中国传统文化思想有力推动了中国民主政治的建设。就现阶段而言，西方社会思潮对我国的本土文化造成了一定冲击，这不但会危及我国的经济发展，扰乱人们的日常生活，而且会阻碍中国特色社会主义民主政治的建设。

中国传统文化向来注重民本思想，强调集体观念，所以，中国是在严格遵循以民为本、集体利益优先的基本原则的基础上建立了国家民主政治秩序，对于现阶段社会主义民主政治建设具有积极的推动作用。当前，要坚定不移地贯彻马克思主义思想，实现与优秀传统价值理念的有机融合，建立起更加符合中国实际的民主政治。所以，我们应该深入剖析"民惟邦本"等思想，使社会主义民主政治的建设更加能够体现出中国特色，继而使我国的民主政治可以彰显出自身的科学价值。

3. 文化建设的社会条件整体提高

中国传统文化属于上层建筑的内容，而其本身的优化发展必须有基本的社会条件作为保证。

第一,优秀传统文化的创新发展必须有一定的物质基础,如各种相关设施建设。近些年,关于优秀传统文化典籍的保存、文化遗址的保护以及各类文化场馆的修建等都得到了重视。整体来看,文化建设方面的资金投入额相比以前有了较大提升。

第二,人民群众的保护意识提高,对文化的需求层次也逐步提升。由于中国经济的发展,人们的物质需求相比以前来说得到了极大的满足,而对文化的质量和层次要求逐步提高。在基本的物质生活条件得到满足之后,人们更加追求精神上的享受,于是出现了"文化饥饿"的心理现象。

第三,文化事业和文化产业链条逐步完善。正是人们对文化的渴求心理,激发了文化产业的发展。在这样的环境下,文化创造者的生存环境逐步改善,所创造出来的文化产品质量也逐渐提升。近年来,文化企业的产品质量逐渐提高,文化产业的覆盖范围逐步扩大,产品类型纷繁多样,可以满足人们的各种文化需求。

中国优秀传统文化以其独特的魅力和优势,强势走出国门,国际影响力逐步增强,例如,中国孔子学院在世界各国逐步建立,规模逐步扩大,影响人数逐渐增多。除此之外,中国功夫也享誉世界,成为中国文化输出的一个代表。中国优秀传统文化的对外输出模式正在逐步优化,从基础的文化设施、文化产业链条的发展完善到最后文化成果质量的提高,我们可以看出,现代社会的文化建设正稳步前进,这些都为中国传统文化的改造和创新提供了较为良好的社会环境。

(二)国家地位的提升创造了良好的国际环境

改革开放政策的实施极大地推动了中国经济的腾飞、综合国力的增强,这些因素都非常有利于中国传统文化的国际化发展。

1. 中国形象在文化层面的反复投射营造了良好氛围

随着中国在国际社会中扮演的角色愈发关键,越来越多的人开始对中国文化产生了浓厚的兴趣,这就为中国传统文化走出国门创造了机遇。"文化中国"充分彰显了中国蒸蒸日上的经济发展态势,体现了我国文化底蕴的深厚以及博大精深,昭示着中华儿女对和平社会的无比尊崇和坚持不懈的追求。

为了让"文化中国"的形象能够更加深入人心，我国开始构建有利于中国文化传播的场域，例如，承办亚运会、奥运会，建立孔子学院等。通过这些有力的举措，中国传统文化迅速流传至世界各地，"文化中国"的形象得以在世界范围内确立。党的十七届六中全会指出了我国关于文化建设的目标，即构建社会主义文化强国，对于当代中国文化发展具有划时代的意义。所以，应当着力加强"文化中国"形象的塑造，使中国形象能够在文化层面得到充分彰显，在此过程中不仅要确保本民族的优秀传统文化得到较好的继承和发扬，在世界上不断扩大影响力，同时还要对国外文化的优秀成果进行充分的借鉴和吸收，在相互的融合和发展中使世界更加认同中国文化，积极塑造既富有创新精神同时又彰显时代特色的中国形象。

始终保持延续而不曾中断的中华文明，对人类文明的进步具有积极的推动作用。作为一种文化资源，中国文化在世界上的地位是非常重要的，并且人类未来新文明的创建也必须依赖于中国传统文化。为此，中华儿女要牢牢利用世界文明发展的有利契机，既要确保中国传统文化的优秀基因得到较好的传承，同时又要与中国经济社会发展的实践相结合，使中国传统文化遗传基因在当代中国依然能够焕发出强大的生命力和创造力，实现文化强国目标。

2. 国际社会对中国传统文化的重视提供了有效助力

随着中国国际影响力的提升，中国传统文化得到了各国的关注。中国传统文化曾经深刻影响着西方社会的发展，在世界文化格局中扮演着不可或缺的角色。例如，中国古代的四大发明对西方人的社会生活产生了直接影响。英国哲学家弗朗西斯·培根（Francis Bacon）认为，造纸术、火药、指南针的出现，让世界面貌发生了翻天覆地的变化，其所产生的影响是任何一个功勋卓著的人物或者是强大无比的帝国都不能比拟的。由此不难看出，西方社会的发展曾经得益于中国传统文化的驱动，并且这种影响力至今仍在，这为当下中国传统文化的创新奠定了坚实的基础，对于在世界范围内延续和发扬中国传统文化具有积极的促进作用。

人类要想实现长期可持续发展，就必须实现东西方文化的交融协同发展，要充分发挥各种优秀文化的长处。

（三）中国传统文化具有可持续发展特性

中国传统文化经过了数千年的时代更迭仍然存在，并且在现代社会中发挥着重要作用，其中一个非常重要的原因是其本身所具有的创新性和实践性。就中国传统文化本身而言，其核心内容和特质是符合中国历史社会发展需求的。

中国传统文化在内容上具有强大的包容性。一方面，优秀传统文化随着时间的推移会新增内容，它的内容包罗万象，内涵丰富，而随着时代的变化，其中符合社会发展变化和当时当地社会实践要求的内容被保留下来，而那些不符合社会发展要求的部分便被抛弃，因此，优秀传统文化不是一成不变的，是时时更新的；另一方面，优秀传统文化的开放性较强，在春秋战国时期，文化发展呈井喷状态，之后经历了魏晋和隋唐时期，文化内容逐渐丰富，并且吸收了外来文化中的优秀部分。这些元素快速地融入中国文化之中，并且成为中国传统文化不断创新发展的助力。

中国传统文化具有实践性。优秀传统文化的一个重要特性是它能够随着时代的发展变化而变化，社会实践所需要的文化会被逐渐改造与创新，不适合社会发展的文化会被束之高阁并逐渐抛弃。

整体来说，优秀传统文化不断对其具体内容进行更新以保持自己的时代性和实践性，它不仅能够提供理论支持，同时也可以用来指导实践。实践证明，只有优秀传统文化与实践相结合，才能够体现出其本身的真正价值意义。中国传统文化能够结合现代实践而做出适合现代社会发展的创新，不管是从内容上还是从形式上，这都是因为其本身具有可持续发展特性。

总而言之，正是由于中国传统文化所拥有的强大的包容性和实践性，才让它可以不断地进行创新发展，从而拥有强大的生命力和活力。

第六章 新时代中国传统文化传播与创新路径

本章将对弘扬中国传统文化的使命进行简单阐述,深入分析新时代下传统文化传播与创新的途径。本章分为新时代弘扬中国传统文化的使命、新时代中国传统文化的传播途径、新时代中国传统文化的创新途径三部分,主要包括"弘扬中国优秀传统文化,提升国民担当""传播中国优秀传统文化,增强世界认同""大力发展文化产业的策略""加强对中国传统文化的挖掘"等内容。

第一节 新时代弘扬中国传统文化的使命

新时代的中国人作为中国传统文化的继承者,必须用现代性的创新接续中国传统文化的血脉,以自信的心理审视优秀传统文化的独特价值与优势,促进优秀传统文化的基本精神与现代化精神的相互融合,增强世界各国对中国传统文化的认同感,构建符合现实与未来的文化民族主义,以实现自身的文化使命。

一、弘扬中国优秀传统文化,提升国民担当

中国传统文化中家国天下、精忠报国、守土有责等爱国观念是维护国家意识形态安全的重要因素,能够维护有序的社会状态,推动国家良性发展。随着全球经济一体化,文化通过交流也呈现出多样化,我们更应该用多种途径促进中国传统文化绽放出光彩,保持民族特性,防止不良异质文化的侵蚀。

(一)彰显中国传统文化的突出优势

中华民族经过几千年的积累,形成了独具优势的中国优秀传统文化,与西方

文化形成了鲜明的对比。中国传统文化中的自强不息精神、中庸和谐之道、道德本位主义、天人合一观念、海纳百川特质等突出优势，是推动中华民族不断进步的内在驱动力。我们应该推动中国传统文化不断创新，既能展现中华民族优秀传统文化的优势，又为文化自信提供群众根基。为了培育新时代国人的文化自信心理，国民教育应在思维方式、价值尺度、情感方式、生活理念以及行为规范上加强对中国传统文化优势的理解，使其不断增强中国人的骨气、底气、朝气。

中国传统文化中的经典部分对于现代人而言是有价值的。它依然可以在工业文明中引领人们的思想，构成精神信仰。中国传统文化以实用、理性展现于世，这种凸显实践意蕴的文化，可以帮助人们践行于实际。我们应将中国传统文化传向世界，使当代中国特色社会主义的文化事业面向世界，展示大国的文化软实力。

（二）强化中国优秀传统文化的自信心理

在面临外来文化冲击的时候，我们需要坚持文化自信，使中国传统文化成为文化定力，并且"古为今用，推陈出新"，构建满足现代社会需要的、丰富多彩的文化生态格局。

中华民族历经沧桑，此时的朝气蓬勃使中国人比以往任何时候都自信。在和平年代，我们更应该通过各种方式加深对于中国传统文化的领悟，明确中国传统文化对于传承中华民族精神底蕴的巨大作用，夯实文化心理上的自信。我们应该加强对中国传统文化的继承与发展，并且结合中国文化发展战略，促进中国文化由自觉走向自信。

为了保证中国传统文化的继承与发展，我们应该大力复兴中国传统文化，以此为中华民族精神"补钙"。新时代，我们还应加强我国文化整体实力建设，让人们了解中国传统文化的丰厚滋养作用，进而培养人们对于中国优秀传统文化的坚定信心。

二、传播中国优秀传统文化，增强世界认同

中国优秀传统文化创造了辉煌的古代中国，对世界的贡献也非常之巨大。这其中所蕴含的人文精神、哲学思想、价值观念、道德准则等，依然对中国和世界

具有启迪意义。我们应该激活中国优秀传统文化的基因，增强世界对于中国的肯定与认同。例如，中国传统思想文化中的求同存异、和谐相处、天人合一、天下为公、经世致用、知行合一等思想能够解决人类共同的危机与难题。

（一）发出中国声音

中国优秀传统文化不仅在中国发挥了重要作用，传播至世界各地，也成为世界文明的重要力量之一。中国作为四大文明古国中唯一一个文明没有出现过断层的国家，其优秀传统文化也向世界展示出了强大的实力。中国传统文化的传播，既应立足于传统，又要面向世界，增强中国文化的影响力，展示中国的巨大进步。我们可以运用自身的信息知识，将中国传统文化中的精髓部分传扬出去，创新对外话语体系及其表达方式，让中国传统文化对世界全面发声。

为了增加中国文化传播的辐射面，我们应增加舆论贯通能力，运用中国传统文化展示中国形象的时代作用，实现中华民族文化层面上的复兴。中国人民都应为发出中国声音而努力，可以用理论等方式对中国优秀传统文化进行深层次挖掘与转换，增强中国文化在世界舞台上的发言权。对于传播中国传统文化，要对传播的形式做出创新，必须突出中国立场以及中国化的表达方式，即以中国特色的方式传播中国传统文化。

（二）提供中国方案

中国方案的提出，为世界呈现出了多种的选择性。中国取得的成功经验为世界其他国家提供了可供选择的方案。这些方案中蕴含的忠恕之道、求同存异、自强不息、协和万邦、天下为公等中国优秀传统文化精华，对国际社会而言具有互惠互利、合作共赢、联动创新、和平共处、高效治理等借鉴意义。我们应萃取中国传统文化中的精华，结合创新、协调、绿色、开放、共享等现代理念，丰富中国方案的内涵，站在国内和国际的广阔视角之上，以自身的知识和能力为"一带一路"倡议、构建人类命运共同体等贡献一己之力。

中国传统文化具有广阔的发展空间，能够为世界性的决策咨询服务做贡献，提供破解政治难题的思维方法。中国优秀传统文化所彰显的特质在新时代能够解决工业文明带来的困惑，满足世界人民的精神需要。我们应用其独特的思维方式解决人类社会当下出现的困窘。

当前人类社会已显现出各类危机，其中人与自然之间的生态危机、社会与社会之间的价值危机尤为明显。许多国家的文化在解决这些危机的过程中举步维艰，而中国传统文化中的特质能够弱化乃至消除这些危机。

第二节　新时代中国传统文化的传播途径

提升中国传统文化的影响力是一项系统的、复杂的长期性工程，需要我们做好科学的路径选择，通过改革我国文化体制、革新文化传播模式、构建文化自信，有序地开展文化教育活动，将我国优秀的传统文化真正传到国内外人民的心中。

一、以文化体制改革为内在动力推动文化传播

（一）统筹规划，加强顶层设计

政府的重视和支持是推动中国优秀传统文化传播的重要因素。有政府这个强大的力量做后盾，能够促进中国优秀传统文化更快、更好地传播。

1. 实施系统性策略，加强顶层设计

优秀传统文化的传播要在求同存异的基础上做好科学规划，统筹协调好各个方面，做好顶层设计，推进全局发展。

第一，要在内部贯彻落实好中央关于文化"走出去"战略的相关文件和政策，做好优秀传统文化传播的内部顶层设计。在外部应随着全球化的发展，推动我国与世界各国在各领域的合作，扩大优秀传统文化的传播范围，合理配置资源，做好中国传统文化走向世界的外部规划。

第二，推动优秀传统文化传播需要形成面向全球受众的立体传播网络。要顺应时代的发展，运用新媒体等各种方式，提高优秀传统文化传播的效率和水平。

第三，要运用全方面资源，形成主体多元化的文化交流合作机制，要推进多个层次的互动，使政府与社会的力量互相联动，形成官方主流沟通、民间交流、企业合作、个人交流的多层次传播格局。

2. 实施在地化战略，突出建设重点

为了推动中国优秀传统文化有效传播，就要重视"走出去"战略的实施，即要重视与各个国家进行文化的交流与合作，因此，必须处理好与不同国家的合作关系，必须协调好地缘关系、层次关系，必须统筹好阶段性与动态性。

第一，突出中国传统文化传播的格局。应通过两条线推动中国传统文化"走出去"，第一条线是加强我国与世界各国的文化交流与合作，第二条线是着重与"一带一路"沿线国家进行文化交流，并以它们为中心，向周边辐射扩展，由传播支点国家延伸到与我国文化相似度高的国家，形成由点到线再到面的文化"走出去"格局。

第二，突出优秀传统文化传播的在地化。在地化可通俗理解为优秀传统文化"走出去"需要满足目标地人民的需要。因此，在优秀传统文化的传播过程中，必须充分尊重目标地的风土民情和风俗习惯，充分尊重当地人民在文化上的选择。

第三，突出优秀传统文化传播的载体建设。通过孔子学院和文化中心等进一步发展与世界各国在科教文卫等各个领域的合作与交流。

3. 实施差异性策略，强化务实合作

在新的时代背景下，我们必须重视"走出去"战略对中国传统文化传播的重要作用，在"走出去"的中国传统文化上加强合作。一方面，既要强调文化先行，又要重视文化交流在"五通"（政策沟通、设施联通、贸易畅通、资金融通、民心相通）中的作用；另一方面，要处理好"说"与"做"的关系，避免出现"两张皮"现象，实施差异性"走出去"策略。

第一，深入研究，确保项目的可行性。要充分论证文化传播项目的可行性，特别是在前期调查阶段，根据不同国家的分类，制定引导广告和舆论的政策，为国家服务业和工业企业提供参考。

第二，尊重文化差异，根据实际情况推动。充分发挥政府的引导作用，协调社会各界积极参与，形成整体协同推进、具有差异性的文化传播工作格局，要结合受众特点准确地进行文化交流。

第三，不断推陈出新，提升传播效果。既要与目标受众的多样性契合，更要从新视角、新方式、新工具上不断发掘和创新文化，以此来打动人心，提高中国

传统文化传播的接受力和影响力。

4. 破除单一的"文化外宣"模式，强化实施互动性策略

在新的时代背景下，中国优秀传统文化传播必须破除单一的文化外宣模式，改变文化传播的形式以适应新时代的需要，强化互动性策略，积极搭建不同文明间互相学习、借鉴的桥梁。

第一，积极开展人文领域的互动活动。组织实施一批涉及科教文卫等各领域的深层次的人文合作互动活动，切实推进多元群体的人文交流，形成多元互动的人文交流格局。

第二，积极开展民间交流和智库共建活动。促进国际智库的形成，汇聚世界各国智慧和力量，促进世界各国互学互鉴。例如，"丝绸之路"奖学金、青年汉语桥等活动，使青年一代的国际交流不断加强，有利于进一步增强民间交流。

（二）大力发展文化产业

1. 加强文化创新，优化文化供给

文化的产业化是国家成功进行文化传播的主要原因，在时代的高起点上推动文化创新，推广"文化＋创意"的产业项目，发挥人民创新的作用是文化发展的核心，也是综合国力之争的决定性因素。

第一，注重文化创新，开发原创产品。中国传统文化传播就是要最大限度地表现中国的文化元素，尤其要表达的是价值理念，而只有创新才能更好地传播文化内涵和中国价值。但文化产品不是简单地进行外包装，而是要借助技术和商业模式将文化内容表现出来，真正做到以内容为王。新时期，要注重文化产品的原创力，利用文化产业人才自主研发、创造文化产品，注重增加产品的价值，开发具有中国风格的高质量文化产品，走出文创发展新路。

第二，拓展文化与多领域融合，提升产品附加值。我们要关注文化与科技、旅游、互联网等领域的结合，不断拓展和创新文化发展领域，提升文化产业的竞争力。以"文化＋科技"为例，技术和文化相结合是提升产品附加值的重要手段。新时期，推动文化产业升级还可以在数字文化产业上下功夫，通过新媒体技术和数字化手段，开发数字创意产品。

第三，鼓励人民创新，汇聚大众力量。人民的力量是强大的，众多力量汇聚有利于丰富文化供给，更有利于满足且更接近人民精神文化的需求。将民间力量引入传播中国传统文化的活动中，有利于外国人了解中国传统文化，了解真实的中国。文化创新还要集聚专业的创新人才，人才在文化创新中占据最优先的位置，因此，要想使中国传统文化在国际社会占据一席之地，就必须加强人才队伍建设和培养，以人才兴文化，激发文化产业创造活力。我们必须利用政府、高校、企业的合力来培育国际化人才，从而提高从业人员的数量和质量。除此之外，我们也不能忽视海外留学生和来华留学生在传播中国传统文化进程中的作用。

2. 把握受众需求，调适文化供给

如果按照传统的手段，不区分受众差别、不分析受众的文化需求进行文化传播，会导致传播效果大打折扣。为了避免做无用功，我们要以受众为中心，有针对性地传播、科学合理地调整供给内容。

第一，对受众进行分析，以提供适销对路的文化产品。将文化产品提供给受众，必须以受众为主，深入研究受众的心理特点和接受习惯。在对受众的需求进行调查分析时，多与受众群体进行交流，贴近当地风俗习惯、了解文化背景、掌握消费偏好等，深入不同国家不同文化层次的受众，采取不同的文化传播方式，进而找出适合文化输出的传播模式。

第二，挖掘不同国家和民族之间的文化共性，增加文化认同。在跨文化传播中受欢迎的内容都具有普遍的共性价值，同时兼具自身文化特色，这类文化内容在打破文化差异的同时还展示了自身的文化魅力。要关注不同文化间的共同特征和跨文化人类的普遍情感，设计贴合受众的文化产品，利用"贴合性"的文化元素来唤起对象国受众的文化认知和文化认同，唤起受众群体的情感。

第三，调整文化传播的内容，细分国际市场。针对不同的国家，采用不同的传播方式，并调整文化传播内容，把握文化需求，提供对路的文化产品。

3. 打造知名品牌，输出文化精品

我国文化资源丰富，较多的文化产品实现了"走出去"，但是却缺少具有中国标识的知名品牌，所以，在推动中国传统文化传播的过程中应着力打造弘扬优秀中国传统文化的知名品牌。

第一，我们要在文化资源上下功夫。打造知名品牌不仅是要输出产品，更重要的是输出文化，体现中国传统文化的魅力，要对产品有一个清晰明确的定位，即含有中国元素、展现大国形象的传统文化精品。在中国传统文化输出的过程中要提升产品层次，选择能代表中国传统文化精髓和内在价值的文化资源。我们可以借助高科技将中国特色文化元素打造成现代文化产品。中国传统文化与现代高科技相互碰撞，既符合当代人的审美情趣，也能提升文化产品的价值、提升文化产品的知名度。

第二，我们要制定科学合理的营销战略。文化产品要结合市场需求来开发，并且要具体到不同国家受众的文化需求。文化市场主体打造国际知名品牌，不能只"以我为中心"，一定要结合市场需求，在广袤的文化领域中找到戳中受众兴奋点的文化元素，还要根据不同文化差异制定不同的销售战略。

第三，文化市场主体可以加强合作。合作才能共赢，文化市场各类主体应该在保持竞争的同时加强合作，在与同类型文化企业、相关文化企业的合作中加强自身优势，形成强强联合，在汇集资源、人才与技术的过程中共同研发产品，打造富有知名度和美誉度的文化品牌。

（三）加强人才培育

国际竞争归根结底是人才储备的竞争。谁拥有关键人才，谁就能在这个领域占据主动地位。提高中国优秀传统文化的影响力的关键是培养相关的专业人才。这就要求我们不仅要培养经济领域的专业人才，还要培养文化领域的本土化人才、跨文化人才、高素质翻译人才和加强智库建设。

1. 培养本土化人才

随着时代的发展，我国文化产业的合作范围扩大了，同时，我国文化企业"走出去""引进来"的步伐也加快了。我国优秀传统文化传播的主要途径之一是我国众多的文化企业"走出去"，未来文化建设的趋势是大量的中国企业入驻世界各国，这就要求我们为我国与世界各国间的企业合作搭建人才桥梁，以吸引更多的本土化人才，为中国优秀传统文化传播和实现民心相通奠定人才基础。本土化是指把除自己之外的各种文化用本民族所能理解和接受的方式表现出来，并且具有明显的民族身份标识。

第一，需要加强对各国本地化人才需求的调研。据调查发现，在与世界各国的文化合作中，最为稀缺的是深入了解世界各国风土人情、政策法规、文化市场结构和流行趋势的本土化人才。这就需要以跨国企业为依托，在世界各国实地调研，了解不同国家对于知晓中国文化的"中国通"的需求情况，使我国的本土文化更好地与各国的本土文化相融合。同时，还要培养"外国通"，旨在了解世界各国的风俗习惯等，与目标地进行文化融合，为中国优秀传统文化有效传播提供可能，增强中国优秀传统文化的吸引力。

第二，需要根据世界各国的实际情况，打造本土化与国际化相结合的复合型人才培养模式。把中国优秀传统文化传播放在大的时代背景下进行研究，从国际性的角度，推动我国文化建设。在与世界各国开展教育交流的过程中，高校可以开设一些具有前瞻性的课程，将各国的本土文化融入国际文化发展潮流，例如，由各国的本土化人才所作的有关文化交流的专题报告和学校开设的与世界各国相关的语言、社会等方面的系列课程。

2.培养跨文化人才

世界各国的文化习俗、宗教信仰等不同，这就要求我们要培养适应不同文化习俗的跨文化人才，为传播优秀传统文化提供支持。

第一，构建符合世界各国文化发展的多元化人才培养模式。世界各国文化多元，这就要求我们要培养通晓多国文化的多元化人才。从教育的角度出发，就是要把学校的理论学习与实践结合起来，通过文化项目的合作，使学校与文化企业联合起来，促进多元化人才的培养。还应根据世界各国的文化发展特点，在各个国家的文化领域探索参与文化合作项目，进行模拟教学，实践项目导向的人才培养模式。

第二，要培养善于从国际角度出发，通晓中外文化并且对国际交流中的文化规则和惯例熟悉的跨文化人才。随着时代的发展，我国已有许多文化企业"走出去"，要想推动我国的文化企业与世界各国的文化企业顺利对接，培养一批通晓中外文化、具备国际视野的跨文化人才是十分必要的，这也是中国优秀传统文化传播中人才培养的主要内容。

在具体实践中,应基于世界各国不同的文化特色,培养不同文化领域、具有不同特色的跨文化人才,为世界各国的文化人才培养提供一个具有国际视野的特色文化交流平台。

3. 培养高素质的翻译人才

随着时代发展,文化的交流与合作不断深入,这要求我们必须建设高素质文化人才队伍,使文化传播工作者的综合素质提高,实现专业、高效地传播中国优秀传统文化。但现如今,我国的翻译人才不足,尤其是高素质的翻译人才,并不能满足中国文化传播的需要。因此,必须加快培养翻译人才,特别是高素质翻译人才,让这些人才成为优秀传统文化传播的主力军。

第一,要培养高素质的翻译人才。高校是高素质翻译人才的培养基地,在高校中,要设立独立的翻译专业,使翻译学科的地位明确。除此之外,高校中还应设立独立的翻译机构或院系,需要注意的是翻译专业和外语专业不是等量关系,只有有了独立的翻译人才培养的目标,才能为优秀传统文化传播提供所需要的人才,不断扩大翻译人才的规模,提高翻译人才的素质,提升翻译人才的层次。

第二,要提高翻译教师队伍的质量。在很大程度上,教师的质量决定了翻译人才的质量,如果教师的质量不高,对我国翻译人才的培养和发展也会形成制约。因此,我们必须高度重视对翻译教师的培养,培养翻译教师的翻译技巧,增加翻译实践经验,同时要关注国内外发展趋势,定期开展培训和学术会议,提高科研能力,提升翻译教师的综合素质,更好地培养翻译人才。

第三,要增强翻译人才的功底。由于翻译的问题,很多优秀的作品在传播中受阻,因此,要用优美的语言翻译中国的优秀作品,就必须培养汉语和目标国语言译者的能力,使译者充分理解汉语和译语的异同,寻找中外文翻译的规律,增加对不同主题文章翻译的探索和实践,提高中国作品译者的翻译能力,在翻译过程中实现准确性和真实性翻译。我们还应该扩大译者的知识储备,使译者了解人文理工等多方面的知识,丰富他们在各个领域的词汇量,翻译时通过对原文的不断研读和理解,斟酌译文的准确性。

4. 加强智库建设

当前是一个信息化和全球化的时代,智库已经成为一个国家文化战略的重要组成部分，是文化载体的形式之一，对于一个国家经济和社会的发展具有非常重要的作用。为促进中国优秀传统文化有效传播，需要建立智库，培养一批高质量的人才，为优秀传统文化传播提供智力支持。

第一，要为智库的发展培育、储备人才，推动民间智库的发展。文化传播的一个重要前提是人才的培养，人才的素质影响着智库的发展，中国传统文化在世界的传播离不开优秀人才的推动。当前，中国传统文化的传播面临新的历史机遇，而孔子学院和孔子课堂、文化中心等机构的创办以及各个层面的文化交流对优秀传统文化的国际传播而言还远远不够。因此，还需要培养一批具备国际视野，在应对国际竞争上有能力的、精通中西方文化的高素质人才，尤其是在目标地区较为薄弱的领域，以此为他们提供帮助，使中国文化在向国外传播的同时得到创新和发展，与当地人民形成合作研发合力，加快发展。

第二，推动智库的国际化建设，加强智库间的交流与合作。当前，我国的智库范围主要针对国内，不利于在文化交流过程中掌握话语权。在文化传播中，我国要制定自己的智库国际化战略，深化与海外高层次国家智库的密切合作，借鉴其有效经验，在世界各国寻找学术和对策研究伙伴，共同开展服务地方经济社会发展目标的战略研究。

二、以革新传播模式为基础推动文化传播

（一）拓宽文化传播渠道，丰富传播媒介

在新的时代背景下，传播中国传统文化是一项系统性的工程，必须建立政府机构、企业、民间组织、普通民众等多种渠道，形成多方积极参与的立体性的文化输出新格局。政府机构要充分发挥主导和引领作用，通过官方权威话语将传统文化中蕴含的和平、开放、包容的思想传达给世界各国；各企业应拓宽视野，加强创新，提升专业化水平，打造文化交流品牌，创造出更多富有内涵的传统文化产品；民间组织是连通政府和民众的中介，由于其非官方色彩，更易于被受众接纳，通过开展形式多样的文化交流活动，更灵活、更有针对性地进行信息输出；普通民众可以通过互联网加入传播和阐释中国文化的队伍之中，而其中的佼佼者，

如传统文化研究学者，可将自身学识转化为优异的学术成果，传播中国传统文化。

传播媒介是获取文化符号的重要来源，要想讲好中国故事，必须采用多元化的信息载体，构建一个包含出版、广电、网络、移动媒体等的全方位、深层次、立体化的文化传播网络，全面提升中国传统文化传播的深度和广度，展现中国传统文化的博大精深。

1. 发挥传统媒体的优势

书籍、报纸等作为传统媒体当前处于式微的发展状态，我们必须利用好其深度报道的特色，发挥其"内容为王"的优势，提升传播形式的亲民性，加强信息反馈与互动，从而突出其区域性使用上的便捷性，吸引更多受众。

2. 发挥电视广播节目的优势

作为信息传播主流的电视广播节目，它包含了电影电视、综艺节目、纪录片等，形式多样，由于有监管部门的审查，信息的准确度较高，在当前仍然是传统文化最为主要的传播方式之一。

推进电视纪录片、综艺节目的产业化发展，适度加入娱乐性的元素，多多打造如《如果国宝会说话》《中国诗词大会》《典籍里的中国》等体现中国优秀传统文化的文艺类节目。同时，各大电视媒体要利用好主流媒介话语权，在与世界各国交往的各种场域中加大播放力度，让传统文化的价值、内涵和意义在寓教于乐中根植到各国民众的心中。

3. 发挥互联网的优势

作为当下思想文化交流主要阵地的互联网，它打破了时间和空间的限制，让来自全世界不同国家地区的民众通过网络论坛、社交网络等平台畅所欲言，进行文化交流与碰撞，使文化传播变得更加快捷而广泛。为了推动中国传统文化在网络时代的传播，必须加快建立数据库，以便进行分享和传播。在我国与文化传播相关的官方网站上，应当细化文化专题，建立中国传统文化交流平台，定期发布相关话题，增设互动区，保障我国与其他国家民众的独立交流。充分利用"互联网＋"的模式，开展文化建设活动，形成以信息为中心的跨越不同语言、国界以及文化的网络空间，开辟我国传统文化交流新渠道。

4.发挥新媒体的优势

在全新的科技支撑下出现的新媒体，依靠其与受众即时的交流互动，增强了传播效果。相关的手机App成为传统文化信息传播的生力军，受众通过网络直播这一新颖的方式，可以更真实地感受文化场景，实现即时互动参与，加深文化印象。其中，短视频更是在中国传统文化的传播中发挥了重要作用。

短视频赋予了传统文化更多的趣味，通过短视频，受众可以清楚直观地看到传统手工艺的制作流程、传统美食的烹饪过程、传统节日的发展过程等，越来越多的人开始在短视频中感受中国传统文化的魅力，更多的人开始乐于了解中国传统文化的精神内涵。MCN模式（一种多频道网络的产品形态，全称为Multi-Channel network，是指在资本的强大支撑下，将个体化的内容整合起来，以保证内容的持续、稳定供给）的出现，使得传统的内容传播更具专业化。高超的技术手段为高质量的传统文化类短视频做了铺垫，专业人士的参与能够有效提升视频创意，以更加新颖的表现方式、传播方式助推传统文化的传承和发展。为了更好地发挥短视频传播优秀传统文化的作用，下面将深入探讨中国传统文化传播在短视频MCN模式中的可行路径。

（1）联合创作者加强内容生产

内容生产始终是传统文化传播的核心环节，内容创作者始终是决定传播内容的核心人物。针对在内容创作中题材挖掘不够、对媒介技术运用不充分等问题，可以给出以下优化建议：

第一，内容选题多样化。若想在短视频平台上保证高质量的内容输出，传统文化类短视频必须在内容题材的多样化和表现力上下功夫。短视频平台上的日均作品创作量巨大，即使是已经爆火的传统文化传承者，如若不能保证高质量内容的持续供给，也很难持续获得受众的高注意力。

在内容生产阶段，要深挖中国传统文化。中国文化博大精深、源远流长，短视频MCN要在多样的内容领域输出优质内容，所以，在选择短视频作为媒介时可以更加细节化地营造场景。例如，专业型传统文化短视频——通过传达传统文化领域的相关内容，让受众从中获取知识；情感共鸣型传统文化短视频——以贴近日常生活的场景，对受众进行"感情攻势"，直击用户内心，使其在潜移默化中了解传统文化；猎奇型传统文化短视频——以用户的好奇心为传播需求，通过一些与日常生活有距离感的视频，或是小众文化，或是美好幻想，将传统文化元素融入其中，满足用户的好奇心；观赏型传统文化短视频——近距离展示中国传统古法技艺，展现人文古迹、名山大川，借助人们对"美"的追求，进而传播中国传统文化。

除此之外，要有其他强大的资源为内容生产作保障。例如，建立传统文化创意资源库，不同类型的创作者共同发力，布局内容矩阵，以产生"1＋1＞2"的效果。

第二，打造数字化的传播形态。技术的发展为传统文化带来了新的生机，用新的技术手段来"活化"传统文化，让内容表达更加专业化，更具吸引力。

以中国传统文化——戏服文化为例，全国各地的戏服手工艺者都面临着后继无人的惨淡局面。但有了新媒体技术和MCN机构的日渐成熟，可以打造数字化的戏服博物馆，包括三维动画、全景展示、基于位置的导览等，增加与受众之间的互动和交流，并获得情感上的连接。同时，通过对其优质内容的选择、包装，可以制成H5（一种程序语言，集文字、图片、音乐、视频、链接等多种形式）进行下一轮的传播。要从对中国传统文化的深入阐释和再创造的角度出发，实现媒介内容的可视化表达。

古籍、器物等也是中国传统文化的重要组成部分。《三国演义》《红楼梦》等史书典籍的传播同样需要与时俱进。如在《三国演义》中，作者塑造了多个鲜明的历史人物，如刘备、关羽、诸葛亮等。这些人物同时也被赋予了传统文化中"忠君仁义"的性格特点，在文化传播中自然而然形成一种理念传播。而在情境模拟类的游戏短视频中，这些角色以崭新的形象出现在受众面前，用户沉浸其中，不但能够了解三国历史，了解英雄人物的特点、招式，重要的是能够带动三国文化的传播。视频是这个时代的宠儿，它比文字更加形象生动，更加易于传播。

互联网技术的进步带来传播方式的革新，短视频能够获得更好的生产效率，这对于更好地在国内外推广中华优秀传统文化影响重大。例如，在2021年上海世博会上，古代画作《清明上河图》"活"了过来。动态追踪技术、VR技术的应用让画面内容情景再现，用户可身临其中与古人一道穿街走巷，造访商铺、客栈，驻足街道、夜市，别有一般韵味，给受众留足了想象的空间。

第三，挖掘传统文化内涵的丰富性。在MCN模式下的传统文化短视频传播中，MCN作为传播链条的中间环节，是传统文化传承者的孵化器，要在对内容创作者扶持的同时，形成一套有迹可循的体系，如对内容创作者进行"印象管理"。美国社会学家欧文·戈夫曼（Erving Goffman）在提出"拟剧理论"时指出"印象管理"是其实质。短视频MCN能够帮助创作者打造"人设"，每个内容创作者可以吸引更加细化、更加忠诚的用户群体。

每一个内容创造者及其短视频节目的开发对于传统文化持续传播意义深远。而一个新的IP的诞生存在着极大的不确定性，很难估计其未来的发展潜力和发展空间，即便是拥有成功IP的MCN机构，想要持续地抢占用户的注意力也是较难的。传统文化类短视频的人物设定要个性鲜明，传承者要专注地坚持一门技艺，所以要尽可能地提升个人IP品牌化，打造行业内标杆，用品牌带动传播和发展。以西安为例，该城市借助抖音平台，在永兴坊搭建直播基地，为凤翔泥塑、澄城刺绣、华州皮影、陶瓷烧制、汉中藤编、宜君剪纸等陕西工艺打造线上品牌推广和线下品牌输出的生态链，相互引流为传统文化传播增加新的活力。从传统文化传播层面来讲，古法工艺、烹饪方法等绝非传统文化传播的重点，传承它们身上蕴含的中华民族精神才是最终目的。

（2）结合短视频属性完善整合营销传播策略

传统文化短视频与一般媒介产品有所不同，它是"传统文化"与"媒介文化"共生的产物，天生具备"商业"和"文化"双重属性。一方面，它服务于传媒行业，需要遵循一定的产业规律；另一方面，它是传统文化与现代社会接轨的一种方式，承载了文化传播的任务。

在民族情感的加持下，传统文化短视频因丰富的内涵、庞大的用户基础成为我国文化产业的热点，吸引了大量资本投入，但"投资热"只能作为机遇，而不是长久之计。从传统文化短视频的整体实践来看，还存在数据库应用困难等问题，因此，必须整合用户信息，加快数据库建设，不断优化传统文化整合营销传播策略，如此才能树立良好的中国传统文化品牌形象，并维护良好的品牌关系。

毫无疑问，加快数据库建设能够在很大程度上提高传统文化短视频整合营销传播的效率和效果，因为它的基点就建立在"从用户中来，到用户中去"，保证了"由外而内"的沟通路径。

（3）结合平台特性优化分发

有效分发讲求精准高效传播，应依据平台特性找准差异，认真考虑受众的需求以及需求的不同层次，真正做到个性化推荐，为不同人群做出适应的个性化体验和服务才是关键。

第一，提高内容的精准触达。MCN 机构除抖音这一视频发布平台外，还需要综合运用手中的平台资源。建立渠道内容信息库，将内容快速、准确地分发到不同平台的多元用户。利用不同平台的差异点，将不同风格的非遗文化类视频内容投放到各大资讯平台、社交平台以及视频网站上。MCN 机构内部，各账号间的互推、引流、转发等行为可最大限度地增加曝光机会。在短时间内转发、评论、点赞等数据越高，算法推荐机制也会使之获得越大流量。

想要在最贴合的情境下推送给用户最想看的内容，关键是保证内容分发的有效性。以目前抖音的体量和用户增速来看，几乎所有垂直领域都还有机会。所以，核心的问题还是对平台用户进行精准定位和细致画像，以提高短视频的精准触达。个性化推荐算法是为了解决从具有极强噪声的稀疏关联矩阵中挖掘有用的信息这一重要问题，包括那些用户靠自身无法发现的"暗信息"。

目前，算法弥补了信息超载所造成的问题，实现了"私人定制"，但在一定程度上造成了"信息茧房"。平台可以依据自身特性，定期、定向、定量地推送一些"个性"以外的内容。例如，对于喜爱美食的用户，可以适当推送一些关于食材的来源、食材的历史故事等传统美食文化类视频，古今的对比也能给用户带来不同的感受，激发起他们对传统文化领域的探索欲望。作为 MCN 机构来讲，可以增设不同传统文化分类入口，发挥其聚合功能，借助头部 IP 的资源优势，有效引流，突出其文化内涵。

传统文化传播离不开 MCN 机构与政府、企业、传媒机构的跨界合作。传统文化大都具备较强的地域性，MCN 机构可寻求文化部门、旅游局等政府机构支持，打造沉浸式传统文化旅游模式，政府的参与也能较强地维护传统文化的传播秩序。再者，搭乘互联网快车，电商赋能"国宝"IP，或将成为发扬传统文化的一条可行之径。近几年，电商与传统文化IP结合下的产品越来越多，如故宫口红与敦煌丝巾，电商赋能IP或许能够让传统文化焕发生机，迎来新曙光。

有赞广东运营服务中心负责人认为："无论是否准备好，文创商业都将喷薄而出，成为未来最主流的商业形态和消费能量。"很多手艺人不善于传播，找不到目标用户，MCN机构与淘宝、天猫等电商平台的合作，一方面可以让用户和品牌互相找到对方，另一方面可有效地让传统文化产品更贴近生活，接近日常，进而潜在化地传播。此外，可在线下加强与地方传统文化机构合作，共同探讨地方传统文化相关话题，制作具有地方特色的文创产品，帮助全国各地挖掘传统文化的文化价值和市场价值，拓宽传统文化衍生品的销售渠道。

第二，加强效果评估。传统文化传播不单只是传出去，还要将效果收回来。由于不同国家间社会制度不同、文化背景相异，内部话语体系存在较大差别，国内受众所熟知、所易接受的话语系统不一定能在国外用户群体中被认可。如果仅是照搬照抄，只做简单的翻译，未从实际情况出发，则会陷入自说自话的尴尬境地。一般来讲，好的内容、好的表达能够跨越语言障碍、超越文化纷争、穿越心灵隔阂。

检测传播效果最好的办法是对目标受众影响程度的测量。基于我国长期以来对外传播"只问耕耘，不问收获"式的单向传播，缺乏互动交流和双向评估，MCN机构应加强与海外平台合作，利用数据库技术，实现内容的量化分析和不同内容受众注意力集聚程度分析，以明确海外受众对中国传统文化类短视频的心理期待重心和媒介接触习惯，了解受众对相关信息的心理需求。同时，充分认识他们对中国传统文化传播的满意度和未来期待值，据此调整传统文化类短视频在传播过程中内容结构方式、语言表达方式、渠道传播方式的不当之处，淡化受众接触时的心理壁垒，在传播的过程中寻求与海外用户的情感链接，并在此基础上建立基本信任关系。

在加强各类文化传播媒介有序发展的同时，也要推动各类传播载体的有机结合，打造"融媒体"平台。新媒体在传播效率上优势明显，而传统媒体有着更强的专业性，融媒体并不是对两种单一媒体的粗略相加，而是需要做到二者在内容、运营、平台等方面真正地融合，充分发挥其互动性强、即时性高、信息量大的特点。在新的时代背景下，只有利用媒体融合形成科学合理的传播矩阵，才能更广泛地吸引世界各国受众，推进中国传统文化的立体化传播。

（二）加强文化传播方式和内容的精准度

世界各国文化多元而复杂，风俗习惯、宗教文化和政治体制等存在巨大差异，要想增强中国传统文化在当地的影响力，更好地被受众所接受，就要求我们在文化传播、交流的过程中讲究技巧，不是去强硬地改变当地民众的文化习俗与价值观念，而是在充分了解和尊重世界各国不同的话语形态和思维方式的基础上，加强我国传统文化传播方式和内容的针对性、准确性、有效性，实现中外文化的互学互鉴、共同繁荣。

在文化交融的过程中，我们应立足于服务当地民众，根植受众文化需求，在保持我国传统文化本质和精髓的前提下，改进传播策略，摒弃单一的、苍白的宣传方法，转换对外话语方式，注重巧妙柔性的隐性传播，增加趣味性，用对方易于理解、易于接受的方式讲述中国故事，提升传统文化对外传播效果。

优秀的传统文化是中华民族五千年来在历史、社会、经济乃至军事等领域的积淀，是中华民族亿万同胞智慧的浓缩，无时无刻不在影响着我们每一个人的生活。如何让中华文明得以弘扬，精选优质适宜的文化内容不可或缺。我们应以国际视野剖析世界各国文化发展，依托各个国家不同的历史发展与文化传统来确立特定的主题，筛选更多元、更适合世界各国人民需求的国学经典。同时，要加大传统文化资源的创新、创意发展，使之更加通俗易懂，更加有感染力，更加符合世界各国民众的审美情趣与价值取向，进而更好地引起世界各国人民的文化共鸣。在海外新闻宣传中，要选取更贴近生活的视角，采用更"接地气"的标题，以更温情细腻的笔触、生动活泼的语言写就一篇篇入脑入心的报道。通过这种海外人民喜闻乐见的方式传播中国传统文化，能够使他们更深刻地理解报道所蕴含的文化内涵及其所传递的价值观，促进文化的交融。

（三）加强国际传播能力建设

世界知名咨询机构麦肯锡认为，能够称得上世界级媒体的需要符合三个标准，第一是充分履行公益责任，使更多的观众满意；第二是要拥有很高的知名度和世界品牌；第三是经济效益要好。在新的时代背景下，由于媒体工具的使用，这些媒体的传播者在知识结构、道德修养、问题的立场和方法等方面有一定的不同，其发布的言论和信息真伪的识别不一致是不可避免的。因此，必须加强国际传播能力建设。

第一，要采取国家监督的手段，加强对国内媒体用户的规范化监督，防止西方媒体的"民主渗透"，确保中国意识形态领域的安全，确保安全的多渠道、多层次文化交流的软环境，同时要维护官方声音的完整性。媒体监督部门应积极改善传统媒体与职能部门的沟通机制，通过网络及时听取意见，促进中国优秀传统文化传播渠道与互联网、多媒体、微平台等多渠道、多层次的无缝衔接。

第二，要保持中国传媒的国际地位，打造好国际传媒传播品牌。我们可以从媒体涉及的语种和覆盖面等方面加强传播品牌的知名度，为优秀传统文化传播提供更大的平台。作为国内知名的传播品牌，中央广播电视总台（以下简称央视）要充分发挥自身的影响力和国际地位，推动中国优秀传统文化传播。例如，近年来央视主办的《中国诗词大会》《经典咏流传》《朗读者》等节目，使各地区受众对中国传统文化的了解进一步加深。

第三，扩大媒体"合作圈"，与海外阵地开展合作实践。在新的时代背景下，国际传播是一项复杂的工程，需要科学布局、统筹规划。一方面，在海外最大限度地传递中国声音，扩大中国声音的覆盖面；另一方面，国内媒体要利用自身特点，积极与多个国家的主要媒体和专业媒体合作，有效传播信息，推动中国优秀传统文化传播。

三、以建构文化自信为主体推动文化传播

文化自信是一个民族、一个国家对自身文化的充分肯定和积极践行，并对其文化生命力持有的坚定信心。而文化认同是群体对于自身文化的一种认同感。

纵观当前世界政治经济全球化的格局，各国文化融合成为大势所趋，再加上文化霸权主义的影响，中国传统文化面临各方面的挑战，要想让中国传统文化实现创新和发展，需要对受众进行文化意识形态领域上的引导，通过媒介和教育的作用建构民众对我国传统文化的文化认同和文化自信。

（一）发挥主流媒体话语权，让中国声音掷地有声

纵观中央广播电视总台的电视节目，各类传统文化的价值形态已融入各种电视节目，从早期的《百家讲坛》《国宝档案》，到当前的《中国汉字听写大会》，央视堪称主流媒体传播传统文化的典范。2017年《中国诗词大会》第二季更是取得了不俗的成绩。

《中国诗词大会》对传统诗词的认知，影响到了受众对于中国古诗词乃至中国传统文化价值的心理认同的构建。在这个过程中，央视作为主流媒体，在其中起到了非常重要的作用。传统文化是内涵和意义极为丰富的文化形式，当前电视媒体仍然是其最为主要的传播方式之一。

"在福柯的理论中，主流媒体相当于处在全景圆形监狱中心的监视塔，通过对传播场域的监视，传播正确的价值观念来实现话语引导，进而实现对民众行为的影响。"也就是说，主流媒体处在场域的中心地带，它本身具有一定的权威性，其生产传播的消息具备一定的影响力，它凭借着这种优势，通过传播一定的话语来对受众进行一种引导，并进一步影响受众的行为。主流媒体作为媒介权力的中心，拥有一定话语权，它不仅能够吸引社会上的普通受众，还能吸引具有一定社会影响力的受众，并且中国传统文化作为主流文化，它的传播、传承和社会影响力的建构需要主流媒体的宣传和报道。

主流媒体本就具备传播传统文化的优势，《中国诗词大会》借助了主流媒体的话语权，在传统文化诗词的传播场域中，"才女武亦姝"等话题和节目中的诗词理念合乎观众的心理，形成了一定的权威，自然而然形成了话语权。借助这种话语权，"才女武亦姝""中国诗词"等对大众的心理和态度进行潜移默化的引导，让受众逐渐认同节目的宗旨和其中关于诗词的理念，进一步对受众关注和传播诗词文化的行为产生影响。这种影响不仅仅只作用于受众对诗词的认知层面，还影响到受众对于诗词这种传统文化认同和自信的建构。例如，2018年平昌冬季奥运会闭幕式中的"北京8分钟"，短短的8分钟，来自中国的表演团队不仅综合运用了轮滑演员、地面投影、动态视频和玩偶等表演元素，还首次使用24个隐形机器人参与表演，充分利用传媒技术展现中国传统文化与冰雪运动交融相映的特

点。在这种公开场合传播中国传统文化，有利于激发受众的民族自豪感，激发其文化认同，进而建构文化自信。

议程设置理论认为，媒介虽然不会决定受众的具体看法，但是可以通过强调信息的重要程度，左右受众的意见。利用主流媒介话语权，增多各类媒介在各个场域中对传统文化的报道，有利于提升民族自豪感，可提升受众对传统文化的认同度，进一步形成中华民族的文化自信，树立中国文化大国、文化强国的形象，逐步消解西方文化霸权的侵蚀。

（二）开展传统文化素养教育，提升传播内容质量

当前，我国进入以计算机网络技术为主导的移动互联时代，媒介生态发生变化，人人都被"赋权"成为信息生产的媒介，在这种媒介环境下，通过开展传统文化素养教育提高传统文化传播内容的质量，不仅可以让受众和媒介从业人员生产有内涵意义的传统文化信息，而且也提高了广大民众的文化素养。

事实上，每个年龄层对于传统文化的理解程度和兴趣度都不一样，有关部门需根据各个年龄段可学的传统文化知识，对各类传统文化知识进行深入的甄别和筛选，并仔细分析与整理，从而形成符合幼、小、初、高、大各年龄段认知规律的课程体系，将健康、优秀和适用的传统文化知识带入课堂。

对于幼儿园和小学低年级的学生，以传统文化启蒙为主，培育其对于传统文化的亲切感。通过教学和课外实践让学生感受汉字的魅力，感受古诗词蕴含的情感，初步了解传统文化习俗和节日，感受传统文化民间艺术的独特魅力，引导其践行中华民族尊敬师长、勤俭节约和吃苦耐劳等传统美德。

对于小学高年级的学生，以开展传统文化初步认知为主，令其了解中国传统文化的丰富多彩。通过教学和课外实践让学生逐渐认知各类传统文化的含义，并培养其对于各类传统文化的兴趣。当前，上海市已进行传统文化进课堂的尝试，把《中华优秀传统文化经典诵读》作为课本，供小学生诵读。

对于初、高中阶段的学生，以增强学生对于传统文化内涵的理解力和理性认识为主，引导其提升对传统文化的认同度，增强其对传统文化的自信。通过课堂和课外全方位提升学生对于传统文化的理解和兴趣度。

对于大学阶段的学生，以提高学生对传统文化的自主学习和探究能力为主，培养学生对传统文化的创新意识，增强学生传承传播传统文化的责任感。

中国传统文化博大精深，教授传统文化知识并非一朝一夕之事。在当前的课堂教学中，传统的黑板教学和死记硬背早已不适合学生的全面发展，推进传统文化教育应寻求一种更为丰富和科学的教学方式，并利用好课外阵地。传统文化教育具有系统性，在进行课堂教学前需对课程体系、教师、教材和教学方式等进行科学设计和评定。传统文化应以多课堂嵌入式的模式开展教学，从家庭到课堂再到学校内外各种活动，都可以成为学生学习传统文化的地方。例如，在学校内开展传统文化艺术演出、历史人物及典故演讲比赛和经典作品赏析公开课等；在校外充分利用历史博物馆、历史文化名镇和非物质文化遗产基地等资源，组织学生参观，并利用暑期等假期对教师进行培训；在学生家庭活动中加入传统文化知识互动等。通过各种方式将传统文化的知识性和趣味性结合，进行教学手段创新，让学生进行360度全方位的传统文化学习。

关于传统文化教学的推广，已取得了一定的成果。例如，云南创办暑期班主任传统文化知识学习班，有400多名一线教育工作者参加，广大教师取得了突出成绩；长沙一小学创办泥塑、剪纸和中国画等课外兴趣班，将趣味性融入了传统文化的课堂；安徽一所学校将五禽戏作为课间操，让孩子们在进行体育活动时学习传统文化。当前，多样化的传统文化培训让广大教师与学生的传统文化素养有所提高。

对于媒介从业人员来说，关键是提高媒介从业者对传统文化的认知水平，从媒介传播的源头提升传播内容质量。传统文化媒介从业人员需要进行各类传统文化知识的深入学习，通过不断提升传统文化知识的认知来提升传播内容的质量，如各媒体对媒介从业人员增设传统文化相关课程、创办媒介人员传统文化交流群和参加传统文化线上活动等。当前媒介信息的传播扩散速度加快，一些关于传统文化的不良信息出现在公众视野中，以往口耳相传、所见即真理的理念已不再适用。传统文化媒介从业人员需培养受众对媒介和各类信息的理性判断和思考能力，以防御各种不良信息对个人和社会产生影响。

进行传统文化素养教育有利于传统文化传播人才的培养，对传统文化的传播发展也有一定的推动作用。实际上，践行传统文化媒介素养教育有利于强化广大群众对传统文化的认同和理解，并在一定程度上激发民众对于传统文化的文化认同，进而建构文化自信。

第三节 新时代中国传统文化的创新途径

中国传统文化的创新不仅是一项理论课题，更是一项实践课题，它与中国特色社会主义文化建设、国家文化软实力的提升休戚与共。

一、确定基本目标：扬弃继承，转化创新

（一）扬弃继承，萃取精华

传统文化的创新必须建立在继承的基础之上，而在继承的过程中又要有选择性地甄别。进行传统文化的整理，要明确中华民族的古代文化遗产形成的具体历史时期以及发展的过程。此外，还要正确认识其自身的价值和特质。

在传承中之所以难以正确理解、认识以及无法形成较强的认同感，主要是因为人们没有从理性的角度来认识优秀传统文化，对其核心内涵缺乏真正的认识。因此，这就需要专家、学者从具体的特质和内涵层面来对中国传统文化进行全面深入研究，对其发展历程进行梳理。要想更好地梳理和归纳传统文化，还要确立标准，精准辨别传统文化的精华与糟粕。

从现实层面来看，传承思想文化并不是要我们盲目地照搬照抄，而是要以辩证的思维有选择性地继承。并不是所有的优秀传统文化都能够为现代化的发展提供服务，使现实问题得到有效解决，对于那些适合在博物馆当中保存的优秀传统文化，对当下的实践活动不一定适用。只有那些能够从精神层面有效滋养和推动当代文化发展的文化遗产，其生命力才会更加旺盛。

传承发展中国文化中珍贵的思想文化遗产，归根到底是要服务于当下，回应现实问题。因此，对中国传统文化进行创新时应学会有效甄别，继承要有选择性，将那些能真正与社会发展相适应的优秀传统文化作为重点传承内容。有的内容虽

然具有现代价值，但也存在着封建因素，所以，人们在继承弘扬优秀传统文化时要将其中的合理部分予以保留，将其中不合时宜的内容坚决予以清除。

（二）加强对中国传统文化的现代解读

过去的事实只要和现在生活的一种兴趣打成一片，它就不是一种针对过去的兴趣，而是一种针对现在的兴趣。诞生于农业文明时期的中国传统文化，虽然其中一部分已经不符合当下社会发展的要求，但其中也不乏适合现代发展的优秀基因，我们可以结合时代的要求重新唤起其智慧的光芒，加强对中国传统文化的现代解读。

二、强化理论根本：深入挖掘，加强阐释

"双创"理论作为新时代对中国传统文化进行转化和发展的创新性方法，就其基本目的来讲，就是要提升中国传统文化在当代的价值和影响力，就是要通过加深民众对传统文化的认同来增强民族凝聚力和自信心。那么，推进中国传统文化创新发展的实践途径就是要加强对中国传统文化的挖掘和阐释。只有挖掘出源源不断的优秀传统文化，才能为后续的文化发展和建设工作提供素材和理论基础；只有不断更新对于传统文化的阐释方式、阐释途径和阐释角度，才能为后续的工作指明基本方向和范畴。传统文化的挖掘和阐释是一个方面的两个过程，要有层次、分方向地展开研究，不能混为一谈。加强对于中国传统文化的挖掘和阐释，是中国传统文化创新性发展工作的第一步，同时也是其最基本的实践路径。

（一）加强对中国传统文化的挖掘

加强对中国传统文化的挖掘，从宏观角度上讲，就是要用时代的精神加以阐释，不断地将中国传统文化由可待开发的文化资源转化为现实的文化资源。从实施层面上讲，就是要切实开展对有形文化资产和无形文化遗产的保护和发掘工作，同时要注意调动人民主体的创造积极性，结合创新思维，灌注时代精神，弘扬正能量，奏响主旋律。

1. 做好文化遗产的开掘和保护工作

文化遗产是中国传统文化连续性的重要记录，同时也是当今人们认识传统文

化的主要形式。对于保护和传承中国文化遗产，不能笼统地制定普遍规则，而是应该根据具体形式制定具体政策，根据文化的不同形式和不同地域的历史地理条件进行有区别的保护。

对于有形文化遗产的保护，首先，要形成不以丰富文化有形资料为目的而主观开掘的文化共识。要尊重文化遗产的历史性，进行保护性开掘。其次，对有形文化遗产的开掘，不能盲目进行，而要在有计划、有目的的基础上，以现代技术为依托对出土文物进行保护和研究。最后，要重视文化遗产的保护，不能因为追求文化经济效益而导致文物这种不可再生资源的保护工作被搁置，一切以保护留存文化形式为主，经济效益为辅。

同时，要格外注重对无形文化遗产的挖掘和保护。无形文化遗产大多以地区人民潜移默化的民族文化风俗、民族文化语言和民族生产生活方式为主。对于无形的文化遗产而言，由于其留存方式的隐蔽性、传承主体的更迭性以及流传范围的区域性，无疑加大了对这种文化遗产保护的难度。对无形文化遗产的保护，首先，要重视这种历史的、民族的文化形式，加大对这种文化形式的宣传力度，加深人民对于文化形式的认同，形成关于文化的吸引力，调动人民群众自发地保护和留存；其次，要利用好当代的科技手段，最大限度地记录包括语言和生活方式在内的文化形式，克服因文化主体更迭而导致文化消亡的局限性；最后，要深刻意识到，这种无形的文化资产既属于民族又属于世界，要做好无形文化遗产的申遗工作。

2. 深入挖掘传统文化的丰富内涵

丰富传统文化的时代内涵，是推进中国传统文化创新发展的前提和基础。深入挖掘传统文化的丰富内涵，坚持用创新的时代精神引领文化内涵的挖掘工作。

第一，深入挖掘传统文化的丰富内涵，发挥儒家思想对传统文化的聚合作用。儒家思想作为我国古代的主流思想，一直是中国传统文化不能割舍、抛弃的主线和精髓。儒家思想和当今时代也是深度融合的，儒家思想中有关于法治、教育、政治方面的有益因素，这对我国当前要进行的法治建设、文化建设和政治建设都有积极作用，要重视儒家思想在中国传统文化创新性发展工作中发挥的积极作用。同时，我们要借鉴当代新儒学对于传统文化的发展逻辑和发展方式，对儒家思想我们并不是要全盘否定或接受，而是要批判性继承。

第二，发掘中国传统文化内涵，需要从古代典籍等各个层面对其蕴含的思想精粹进行研究。它们承载着人民在长期实践当中所形成的精神和思想精髓，我们应当对这些民族精神、道德精髓等进行充分发掘，使其中的以民本为重、诚信守礼以及大同等思想得到集中阐发。让收藏在博物馆里的文物、陈列在广阔大地上的遗产、书写在古籍里的文字都"活"起来，从而使蕴藏在其中的中华民族文化基因更好地适应当代文化，使其能够更加匹配于现代社会。除此之外，可以基于杰出人物的相互联系来对传统文化的精髓进行研究，中华民族在历史长河中诞生了无数政治家、思想家、文学家等，对一个个有趣的历史故事进行充分挖掘，可以增强中国传统文化的信服力。只有对蕴藏于中国传统文化中的人生哲理、道德教化以及治国理政理念进行深入剖析和研究，才能更好地传承优秀传统文化、推进社会主义先进文化的建构。

第三，发掘中国传统文化内涵，需要把握转化关键，推动传统文化话语表达日常化。传统文化的创新不可以被笼统地定义为一种单纯地按照人为设计的宏大叙事社会工程，因为文化向现实生活的融入总是在潜移默化中完成的，并且在此过程中，相应的文化成了人们的自我意识和行动自觉。

一种特定的文化形态必须充分融入日常生活中，其活力才能够被激发出来，其社会历史功能才能够得到最大限度的发挥。而对于一些抽象概念而言，则很难与现实生活融为一体，那么在历史的发展中终将被淘汰。因此，中国优秀传统文化要深植于现实的社会中，通过社会交往来使其转化为人们的自觉行动。推进文化日常化，就必须把优秀传统文化中抽象、拗口的理论向通俗化、具体化转变，让优秀传统文化充分融入普通大众的生活。

例如，借助传统节日、乡约民俗等形式，提升大众在中国传统文化创新中的参与度。中国传统节日可以说是历史文化的见证者和承载者，其生命力强大，能够穿越古今。可以开展国乐赏析、歌舞表演等形式多样的主题活动来庆祝传统节日，充分激发人民群众的积极性。

再如，中央广播电视总台的文化节目《典籍里的中国》等就是以电视平台为基础来传播中国优秀文化，使群众对我国文化的魅力能够充分了解，从而引发对传统文化传承的思考。

又如，可以合理开发和利用各种传统建筑等资源来发展旅游业，不仅能够使中国优秀传统文化得到继承和弘扬，也可以带来非常可观的经济效益。

但是，推动传统文化话语表达日常化，与庸俗化存在着本质性的区别，我们必须对生活化进行精准把握，使其能够以文化公益事业的形式使人民的精神生活得到充实，而不至于成为谋取利益的商业工具。

第四，深入挖掘传统文化的丰富内涵，要坚持以时代精神为引领。深入开展关于传统文化内涵的挖掘工作，要坚持以时代需要为背景，以时代精神为引领。民族精神可为传统文化发掘工作提供鲜明的精神主线，引导传统文化挖掘工作坚持正确的道路。时代精神可给传统文化内涵挖掘工作指明发展方向，避免工作误入歧途。时代精神还可促进传统文化内涵挖掘工作加速发展，从而更好更快地为创新性发展搭建基础平台，筑牢理论基础。

3. 坚持发挥人民群众的创新能动作用

对传统文化内涵的丰富和创造，要坚持运用创新性思维。创新是"双创"理论最为突出的特征，这也是区别于其他文化建设理论的地方。新时代落实中国传统文化创新性发展工作，要注重运用创新思维对传统文化进行深入挖掘和阐释。这种挖掘和阐释的创新不仅体现为在过程中运用创新思维，还体现在成果产出和呈现方式的创新性上。同时，传统文化的挖掘和阐释工作要以人民为主体，坚定人民立场。人民作为文化成果的受众，要深度参与到传统文化的创新过程中。要运用人民群众接受度高、认可度高的方式，呈现人民群众喜闻乐见的文化成果和产品。同时，要注意调动和发挥人民的主观能动性，发挥人民群众的创新能动作用。

（二）加强对传统文化的阐释

加强对传统文化的阐释，是中国传统文化创新性发展实践的基础之一。将传统文化创新工作比作论文写作，加强对传统文化的挖掘，只是相当于完成了对论文所用资料的原始搜索和积累，深入阐释传统文化是在原始文献的基础上进行梳理和总结，为后续工作提供直接可用的资源和理论研究方向。加强对传统文化的阐释，就要在现有的基础上更新阐释角度、创新阐释方式和开拓阐释途径，以促进创新理论更好地指导实践。

1. 更新阐释角度

对传统文化进行阐释，就是以实现一定的目的为行为动机，对待要进行阐释的和已经做出阐释的传统文化做出符合主观意愿的重新解释。对传统文化的阐释受一定主体、目的和当时历史现实的制约。

加强对传统文化的阐释，最重要的就是要更新阐释角度。"双创"理论立足于新时代文化发展背景，对传统文化的阐释也势必要添加时代的视角。从时代角度对传统文化进行阐释，就是关注传统文化的时代价值。这种时代价值并不仅仅指当代价值，而是将不同时期的文化还原到当时的历史和文化场景中，用历史的眼光看待传统文化在当时所起的作用，通过纵向的对比，对社会发展进程有一个合理的评估，对文化的客观价值有一个全面的认识，并为具体文化在当代进行创新提供路径启示。

2. 创新阐释方式

加强对传统文化的阐释，要讲究创新，特别是要着重于创新阐释方式。对传统文化进行阐释，学界已经固化了一套比较成熟的阐释方式。但是"双创"理论的诞生标志着当代的文化建设和发展工作进入了新纪元，相应地就对文化的阐释方式提出了新要求。

创新对于传统文化的阐释方式，要注意打开思路、开阔视野，不断地将马克思主义辩证观融入传统文化阐释工作中来。关于传统文化阐释方式的创新还应该借鉴和运用科学技术，充分显示出科学技术对大量基础文化资料分析和资源整合的优势，用科技助力文化建设发展，推动理论更好地指导实践。

3. 开拓阐释途径

加强对于传统文化的阐释，还要不断开拓文化阐释的途径。无论何时，文化阐释工作一直都是一切文化活动的基础。随时代发展和现实需要而不断开拓文化阐释途径也是文化发展的题中应有之义。

开拓阐释途径，要注意从多方面、多领域中汲取积极元素。文化作为社会生活的立体截面，反映各方面的同时也从各方面借鉴经验。要注意从经济、政治、生态等多方面观照文化，不断开拓新的阐释途径。但值得注意的是，从多方面阐释传统文化，并不意味着仅仅从产出价值方面进行阐释，更多的是将不同的逻辑思维纳入阐释工作中，丰富阐释途径，实现多元领域和文化阐释工作在实践中的交互。

加强对于传统文化的挖掘和阐释，是新的时代背景下推进创新发展的基础工作和重要方面。在文化实践中，我们要重视对传统文化基础材料的处理，为文化建设和发展搭建基础的文化资料平台，为文化强国建设添砖加瓦。

三、加强载体建设：科技引领，创意表达

传统文化在新的历史条件下面临的压力，并非源于其自身问题，而是在传播方面陷入瓶颈，因此，革新传播形式是传承和弘扬中国传统文化的内在需求。在新的发展环境下，要积极探寻更有效、更合理的方式描述并展示中国传统文化，应全面引入先进成熟的现代传媒技术，促进文化与各种新媒介深度融合，用广大人民群众喜闻乐见的方式展示中国传统文化。

（一）利用互联网技术建设新型传播介质

当前，各类新媒体相继涌现，越来越多的信息通过互联网、电视、智能终端等一系列现代媒介进行传播。相较于以报刊等为代表的传统媒介，现代传媒拥有强劲的活力，凭借着传播广、速度快、时效性强等一系列优势受到广大民众的喜爱。同时，它也与人们的碎片化阅览时间相适应。所以，在新时代环境下，应促进优秀传统文化借助各种新媒介的"翅膀"实现广泛快速传播，全方位、深层次地渗透于人们的工作与生活之中，为增强文化自信注入新动力、开辟新场域。

第一，将中国优秀传统文化的内容全面深入地渗透至各类新兴媒介之中，让更多民众快速便捷地熟悉优秀传统文化。所以，可以在当前比较活跃的媒介中融入博大精深且与新时代发展相适应的优秀传统文化，通过多种不同的媒介全面集中地向民众展示和弘扬优秀传统文化。

在微信、图书、互联网等各种不同的媒介中融入关于中国传统文化的内容，可以使人们在无形之中受到传统文化的陶冶，增强对优秀传统文化的自豪感。中

国传统文化博大精深,很多内容都可以成为具有深刻教育意义的宣传主题,例如《千古风流人物》《典籍里的中国》等节目以情景剧的形式呈现中国文化背后的奥义,使人们充分了解传统文化中极富教育意义的故事以及耐人寻味的人生哲学;也可将历史故事改编成电影、电视剧,鼓励并引导广大民众从历史层面出发感知并理解传统文化,评分比较高的《大秦帝国》就是一个极具代表性的示例;还可以以纪录片的形式弘扬优秀传统文化,通过生动的故事、精美的画面、良好的配乐将各类传统文化向广大观众娓娓道来。

第二,在媒介中融入中国优秀传统文化的表达形式,促进传统文化融入百姓生活。将优秀传统文化融入承载着各式各样内容的主题、背景之中,令其具有别具一格的民族特色,促进优秀传统文化在新的历史条件下熠熠生辉。中国优秀传统文化博大精深,凝聚了我国古人卓越的智慧,融合了各种极富哲理的名言警句,时至今日,依旧表现出较强的适用性。将它们广泛深入地渗透至各种不同的媒介,既能够提高内容质量,也能够增进国民乃至世界友人对中华民族优秀文化的认识、理解及认同。

总而言之,对传统文化进行创新时,应充分利用各类新型传播介质,以先进强大的科学技术为手段,深层次地挖掘文化内涵及其本质,以各种新兴媒介为依托,大力宣传和积极弘扬优秀传统文化,使其在新时代下依旧发挥重要的教育及引领作用。不过在宣传和弘扬优秀传统文化方面,新媒体犹如一把双刃剑,既为其创造了良好的契机,也令其面临着诸多挑战。新媒体技术非常灵活,冲破了传统媒体的桎梏与约束,信息传播速度加快,这造成信息的真实性难以得到有效保障,所以,国家相关部门需要增强责任意识,全面加大监管力度,将媒介在宣传和弘扬传统文化过程中造成的消极影响控制到最低。

(二)以文化产业为依托创新表达方式

当前,国际经济一体化进程持续推进,中国与他国之间的贸易变得更加频繁、深入,故此,对中国传统文化进行创新时应积极探索新的场域,如在文化产业方面。

首先,在博大精深的传统文化中提取与新时代发展理念相适应的素材故事,以此为基础推进中国传统文化的规模化、产业化、现代化发展。在历史悠久的传统文化中，提取出凝聚爱国、仁孝、节约等优良美德的人物故事，结合时代发展背景，赋予其新的内涵，着力打造极具"中国风"特色的文化品牌。以风靡全球的动漫为例，将传统文化素材与动漫深度融合，将极富历史底蕴且较为严肃的文化打造为与时俱进的"新奇"文化，令其在新时代发展环境下熠熠生辉，促使其功能和作用得到充分发挥。我国制作的《西游记之大圣归来》就是一个非常成功的案例，它取材于大家耳熟能详的名著《西游记》，这部影片并未完全拘泥于原著，而是结合新时代发展特征，运用了大量新元素，同时以动漫的形式展示，既实现了优秀民族文化的广泛传播，也创造了极其可观的经济效益。这样既可以向广大民众传播中国优秀文化，也有助于提高中国文化软实力，促使其在愈演愈烈的国际竞争中成功立足并脱颖而出。

其次，明确市场定位，增强营销的导向性和目标性，将中国传统文化与影视艺术相结合。举例来讲，2021年上映的《长津湖》创造了多项票房纪录，它是一部典型的爱国题材电影，取材于真实历史事件，通过细腻的情节、高清的画面将支撑中华民族五千年发展的爱国主义情怀、顽强不屈的精神等展现得淋漓尽致，在电影创作中科学合理地运用新元素，为宣传和弘扬中华民族优良传统提供了新的思路和方法。

中国传统文化博大精深，文艺工作者应准确分析群众的精神需求，利用新媒体技术，将传统文化合理地应用于影视创作中，使优秀文化的商业发展前景变得更加广阔。同时，文艺工作者也应增强责任意识，积极担负起传播和弘扬优秀传统文化的使命，积极创作融入传统文化内涵与精髓的作品，促进传统文化以影视化媒介为载体实现广泛传播、弘扬发展。

此外，通过制定相关的法律法规，保护传统文化产业。一方面，国家可以出台有利于文化产业发展的法律政策，为其在新时代发展环境下稳健持续发展提供大力支持；扩充财政支持范围，实施税收减免等优惠策略，推动新生文化产业在各方大力支持下实现突破式、创新式发展；积极培育文化企业，在对其发展进行合理约束的前提下给予大力支持，促使其在市场经济体制下规范有序地发展；以互联网为支撑，推动文化产业跨界融合，提高文化衍生品开发效率，丰富文化产品的类别，促使其附加值不断提升，进而增强中国文化产业、产品的国内及国际竞争力。另一方面，制定和完善相关法律法规，促进文化产业的健康发展。随着改革开放进程的持续推进，市场经济保持着蓬勃发展的态势，通过制定法律法规，可以避免发生因经济利益产生的不良竞争，规范人们行为，使文化产业规范化、有序化进行。

四、强化教育引导：教育为先，人文化成

中国传统文化体系中拥有诸多极富哲理且意义深刻的教育思想，这些教育思想博大精深，既涵盖了先进成熟的理念，也融汇了大量严谨系统的方法，为中国全面推进国民教育提供了大量素材资源。所以，在新的历史条件下，应深入挖掘并全面彰显文化"人文化成"的功能与优势，鼓励家庭与学校之间加强联系，着力构建良好的传承环境，促进优秀传统文化全面深入地融入国家建设、社会发展之中，为广大民众塑造健全人格、形成主流价值观提供重要引导。

（一）重视家风建设

家庭教育至关重要，这对孩子发展产生了潜移默化的影响。"少成若天性，习惯成自然"，作为孩子的启蒙教师，家长肩负着传承和弘扬中华民族优良文化的使命。作为传统文化体系中不可或缺的重要部分，传统家风文化在新时代发展环境下依旧保持着旺盛的生命力，依旧具有较强的教育价值。"家风"一词较早出现于魏晋南北朝时期，唐代以后才大量使用。家风的传承常常与家训结合在一起。家训能够表达出一个家庭的基本价值观，而家风则体现出家庭的整体道德风貌。"忠厚传家久，诗书继世长"。好的家风家训可以作为一种精神力量，对家庭成员的学习、生活等各方面产生潜移默化的积极影响。在我国古代家庭教育中产生了诸多优良的家风家训，如《朱子家训》《曾国藩家书》《钱氏家训》等。这些家风家训或是爱国主义的大爱，或是勤劳勇敢的特质，或是自强不息的毅力，或是团结统一的友善，且培养出来的都是一代名家。从诸多家训中可以发现，古人特别重视家庭道德的引导作用。

总的来讲，包括《颜氏家训》等在内的一众家训经典流传至今，为建设家风

提供了有益指导。家长要提升自身素质，通过自己的一言一行，言传身教，将诚信、仁孝等中华民族优良传统全方位、深层次融汇于个人的言谈举止之中，通过最自然、有效的形式，在家庭营造出体现中国优秀传统文化精髓的和谐气氛，如尊老爱幼、尊师重道等，促进孩子在潜移默化中受到优良传统的熏染与陶冶，逐步形成健全品格。家长要通过家庭教育的熏陶，使孩子将仁义礼孝、诚信节俭等优良美德内化为个人意识，要通过家庭教育的熏陶，让孩子既饱读经典、内心充实感强烈，又落脚实地、奉行君子言行。

（二）打造高水平师资队伍

教师是弘扬中国传统文化的关键，推动传统文化的现代化、产业化发展离不开高层次、高素质的教师。在学生的一生中，教师产生的作用是深刻且深远的。但是在实践中，部分教师的国学功底薄弱，积累的传统文化知识比较少，有能力、有资格传授优秀传统文化的教师凤毛麟角，有的教师尚不足以扛起传授优秀传统文化的大旗。因此，当下急需培养一批专业能力出众、国学基础扎实、综合素养较高的教师队伍。

1. 严格把关教师准入门槛

当下发展中国传统文化对教师队伍构建提出了新的要求，所以，亟待加强对专业教师的针对性、系统化培养。自2010年开始，我国全面实施教师资格准入制度试点工作，根据此制度，考取教师资格证是教师能够进入教师系统的"敲门砖"，凡是未考取教师资格证的教师，都无法进入教师系统。在教师准入考试推行的过程中，可以适当地提高中国传统文化知识占比，促使教师的国学功底不断增强、综合素养全面提升，从源头上保障教师质量。此外，地方政府和科研院所要积极挖掘并重点培养在中国传统文化方面具有一定造诣且创造意识强的人才，从社会全面引入精通传统文化的高层次人才，为中国传统文化在新时代下进行传承及创新提供强大的智力支持。

2. 建立健全激励机制

在学校，职称评聘制度直接关系到教师的未来发展。应在教师职称评聘标准体系中，科学合理地提升传统文化科研比例，即在科研探讨过程中，在传统文化研究方面取得一定成绩的教师可被优先纳入优秀教师评选行列，并且在职务提升方面优先考虑，从而激发教师研读并学习传统文化的能动性，在整个校园营造良好的国学学习氛围，促进教师成为传播和弘扬中国优秀传统文化的主力军。

3. 重视强化对教师的专项化、系统化培训

现如今，一些教师的传统文化底蕴较为薄弱，唯有接受系统专业的培训才能够改变现状，打破传统文化创新动力不足态势。我国历来都非常注重对传统文化的传承，制定了一系列培训计划。例如，针对学前教育，国家制定了农村幼儿园园长研修培训计划；针对中小学，实施校长研修培训计划；对于大学，则制定了高校辅导员骨干培训计划等。此类培训计划均提高了传统文化内容在教学中的占比，督促各校积极开展传统文化教育教学工作。各级院校也要加强对教师的专业培训，通过举办专家讲座、交流研讨等多种手段促进教师学习传统文化，提高自身文化素养，继而使其在日常教学中将优秀传统文化有意识、有计划地教授于学生，进而提升自身与学生对中国文化的认同感与自豪感。

（三）充分发挥学校教育的主要作用

作为教育的前沿阵地，学校肩负着向学生传道授业解惑的重任，其教育作用是其他任何教育机构、教育形式都无法企及且无法代替的。所以，学校需要有针对性地向学生灌输和传达中国优秀传统文化，促进优秀传统文化教学的改革发展。

1. 升华教育理念

中国传统文化教育的教育理念是思想指南，直接影响教育方向。若要解决学生对优秀传统文化的认知和实践问题，可按照"知古鉴今、知德行善、知行统一"三种教育理念具体实施。

（1）提倡知古鉴今，厘清传统文化教育理念的发展脉络

中国传统文化历史悠久，对于中国传统文化教育而言，我们不仅要关注现在，还要回望过去。传统文化的精华值得肯定，但有些负面的思想和传统需要进行理性"清算"。但值得注意的是，这种"清算"不是对文化历史的割裂，而是一种文化扬弃。历史是中国传统文化教育最好的教科书。对于知行合一视域下的中国传统文化教育来说，了解历史、厘清历史脉络，认清优秀传统文化的历史与现实

是探索育人规律的首要任务。

尊重历史,以史为鉴,知古鉴今。传统文化教育滥觞于尧舜禹时期,在夏商周三代得到进一步发展。春秋战国时期,孔子以仁义为教育内容,以培养理想人格为教育理念,注重人格修养与从政治国相统一。汉武帝时期的"三纲五常""独尊儒术"成为传统文化教育的价值取向。魏晋南北朝时期的"以经学为主干,以儒学独尊为内核"的文化教育理念在多元文化的冲击下逐渐消散。隋唐时期,传统文化教育随着国家的发展,儒学不断重振,中国文化开始向东南亚地区输入。宋明时期,理学成为传统文化教育的主流思想,教育更加注重伦理和人格修养。清朝的"八股文"和"文字狱"使教育理念走向片面,传统文化教育开始衰落。19世纪下半叶、20世纪初,传统文化教育地位旁落,文化教育的理念虚无化。

新中国成立初期,将传统文化教育引入了新的方向,中华人民共和国的文化教育是民族的、科学的、大众的文化教育。随后的"文化热"推进了优秀传统文化教育的发展,唤起了文化教育的意识。党和国家调整了中国传统文化教育的发展方向,开始强调精神文明建设。

改革开放提高了文化教育的地位,明确文化教育的任务,加强中华民族文化教育。市场经济道路使"国学热"应运而生,真正地把传统文化教育放在世界的范围内来考察,并使教育范围扩大,促使传统文化教育的普及。

进入21世纪,以政策文件的形式强调要继承和发扬中华民族的优秀传统和革命传统,如《基础教育课程改革纲要(试行)》《中小学开展弘扬和培育民族精神教育实施纲要》《完善中华优秀传统文化教育指导纲要》《关于实施中华优秀传统文化传承发展工程的意见》《中华经典诵读工程实施方案》《中华优秀传统文化传承发展工程"十四五"重点项目规划》出台,国家传统文化教育的理念日渐清晰,从理论方向引领到实操阶段,秉承知行并重、知行合一的教育理念,引领传统文化教育健康发展。

(2)主张知德行善,纠正功利主义和实用主义教育思想

针对部分学生知行不一的境况,必须转变传统重科技轻人文的教育思想,打破传统思维定式,提倡践行道德的教育理念。教育的目的不是理论传授,更应该塑造学生更高的道德情操,陶冶人性。人无礼则不生,在中华五千年文化当中,

知德行善一直是贤者所推崇的行为准则，而新时代的青年学生更应该发扬这种优秀精神品质。社会发展要求教育者和受教育者从知行合一上下功夫，使学生成为德才兼备的高素质人才。

爱国、勤俭、节约、忠孝等中华优秀传统美德为学生"知德"提供了丰富的教育资源。优秀传统美德有益于改变学生的错误文化认知，塑造知书达礼的知识分子。中国传统文化旨在发扬优秀传统美德，遵循"仁、义、礼、智、信"的要求，教育者要用自己的学识、阅历点燃学生对真、善、美的追求，提高学生对向善、至善的认知。纠正功利主义和实用主义教育思想最有效的途径就是坚持知德行善理念。文化认知教育是知德行善的先决条件，"知德"即认识优秀传统文化的基本原则，"行善"即学生可以按照基本原则自觉实践。在明确文化认知后，要在实践活动中培养"行善"能力。知德、行善不仅要熟悉文化行为的基本要求，更要将这些"善"的行为付诸实践。

（3）强调知行统一，促进学生的全面自由发展

知行统一教育理念是中国传统文化教育思想的延续和升华，是促进学生全面发展的内生动力。在加强中国传统文化教育的过程中，应秉承知行合一的理念，建立中国传统文化的践行制度，使得知行合一的理念能够充分引领中国传统文化教育。

高校要在传统文化教育的全程引入文化思想和文化节日等内容，兼顾传统文化知识内容的理论性与实用性。知行合一教育理念现代化的转变就体现在关注学生的主体性上。文化知识的储备过程需要长时间积累，在教育活动中，教育者要有意识地训练学生的文化思维，培养学生自主学习探究和团结协作的能力。在实践教育中，学生是实践的主体，文化教育工作者应在尊重学生个体差异性的前提下，把握好尺度，适当、恰当地干预学生的活动，把握文化实践的正确方向，提高学生文化创新能力。此外，还要落实好文化教育目标的隐性化。一些受教育者在不能充分理解教育目标和意义的前提下，往往会认为教育目标过于模糊而产生知而不行或知而逆行的情绪。生活即教育，教育目标隐性化的实现必须从学生文化认知水平和实践水平出发，将文化融合到具体的生产生活实践中，拉近文化理论知识与现实生活之间的距离。

2. 加强教学研究

（1）树立教学目标

学校开展教学活动的前提是要有明确的教学目标来做指导。传统文化教学目标以教学过程的特点和学生身心发展规律为基础，促进学生身心健康发展，深化学生的文化认同，对中国传统文化具有一定的了解。想要达到传统文化教学目标，应该从传统文化课程的教学内容、教育目的等出发，并且要在此基础上结合学生的实际。

在教学改革背景下，传统文化教学目标主要分为知识目标、能力目标和情感态度价值目标。首先，知识目标是指学生在课堂中以学习知识为主，对于中国传统文化的知识更要深入学习，提高自身知识水平。其次，能力目标是指在学习到基本知识后，将基本知识运用到实践中，二者结合达到更好的效果。能力目标的培养目的是帮助学生提高辨别中国传统文化的能力。最后是情感态度价值目标，推进传统文化教育有助于培养学生形成正确的三观，知道中国传统文化传承至今背后的不易，需要学生为此做出一定的努力。上述三个目标要相互补充，互为发展，通过一个循序渐进的过程来培养学生的素质与能力。

通过制定相应的教学目标，能更好地在中国传统文化课程上开展中国传统文化教育，使学生了解其各方面发展所产生的积极效果，进而学会主动继承和发扬中国传统文化。

（2）丰富教育方式

在传统文化教育实践中，可以采取以下教育方式：

第一，理论教育法。理论教育法是指教育者与受教育者有目的、有计划地对中国优秀传统文化进行学习、培训、教育，树立科学的文化观。文化认知决定学生的学习动机和学习态度。要使文化认知自觉转化为文化行为，最常用、最基本的方法就是理论教育法。理论教育法侧重向学生进行正面教育，摆事实、讲道理，用科学的理论说服人、教育人。

理论教育法是一种系统的科学方法，不等于说教和理论灌输，常采用课堂讲授、理论培训等方式。在中国传统文化教育过程中，运用理论教育法要注意以下几点：

首先，教育者要做到实事求是，保证传统文化知识的正确性与科学性，传授的文化知识也必须符合客观规律，符合新时代发展要求。教育者是中国传统文化教育活动的组织者和实施者，职业素质是保证教育效果的首要条件。因此，教育者要不断学习、探索中国传统文化的相关知识和理论，提升文化教学能力。

其次，教育者要掌握学生的客观实际情况，判断受教育者的文化价值取向是否正确，在此基础上制定符合学生认知规律的理论教育方案。理论教育侧重于正面说理，要传授优秀传统文化中的积极因素，提高学生的文化认同感。

最后，进行理论教育效果检查。中国文化博大精深，内容繁多。教育者要经常对学生的学习情况进行回访，通过试卷、知识问答等途径检验理论教育效果，深化他们的文化认知。

第二，情感陶冶法。有学者曾提出："情感相当于情绪心理学的'感情'术语，即区别于人的认识活动、有特定主观体验和外显表情、同人的特定需要相联系的感情反映。"情感陶冶法通常是指教育者在学习生活中利用环境、人格、实践活动等教育因素，潜移默化地影响学生的文化情感，使学生在无意识的状况下情真意切地感受中国传统文化的力量。对于思想活跃的青年学生，僵化呆板的说教方式很难使师生产生情感共鸣，很难达到预期的优秀传统文化教育效果。因此，只有以情感人、以情优教，才能达到文化知识和文化情感的平衡。

良好的师生关系是实施情感陶冶法的重要因素。在一定条件下，一个人对优秀传统文化的热情和激情会感染到另一个人。因此，教育者在运用情感陶冶法的过程中，应注重人文关怀，以师爱感化学生，以平等的地位加强与学生们的对话；了解和理解学生对中国传统文化的所思所想，唤醒学生的文化认知；积极暗示、鼓励学生参加优秀传统文化活动。学生在这种情感氛围中，能够感受到教师的关爱，产生移情效果，并将这种爱投射出去，提升自我效能，产生对优秀传统文化的热爱之情和亲近优秀传统文化的行为。此外，教师还要依靠自己的高尚文化品质来影响学生，身体力行，以身作则，告诉学生如何想问题、如何对待传统文化，从而激发学生的文化情感共鸣，引导学生学习和效仿。

艺术陶冶是情感陶冶的重要方式。艺术来自生活，又高于生活，只有能引起情感共鸣的艺术才算是真正的艺术。中国传统文化中的戏曲、舞蹈、艺术品、美术、诗歌等寓意深厚，常常给人带来美的感受。借助中国传统文化中的艺术作品感染学生，陶冶他们的性情，提高审美情感，可达到美育与德育的平衡效应。

第三，意志磨炼法。意志是中国传统文化教育的催化剂。文化意志是指学生在接受文化思想和行为教育的过程中，遇到多元文化不断碰撞时对中国传统文化坚决的态度和坚定的决心。意志磨炼法是指教育者创设一定的困难情境，引导学生克服文化实践困难，调节学生文化行为的一种教育方法。优秀传统文化本身弘扬的就是一种顽强拼搏的精神，时刻激励着青年学生不畏艰险，敢于克服困难，砥砺前行。

良好的心理素质往往来源于实践活动中的亲身体验和感悟。因此，为了磨炼学生的意志、提高学生的抗挫折能力、克服文化情感上的脆弱，必须在文化活动中锻炼学生的意志力。"冰冻三尺，非一日之寒"，意志是在日常实践活动中锻炼出来的。

首先，对学生进行文化意志方面的知识教育，讲清什么是文化意志，坚强的文化意志意味着什么，使他们的意志品质在科学的轨道上发展。

其次，教育者要有目的、有计划地制定一些有一定难度的学习内容。例如，让动手能力较差的同学制作完成文化手工作品，鼓励性格内向的同学组织协调一些关于优秀传统文化的活动……促使受教育者有意识地完成力所能及但稍有难度的任务，克服自身的弱点，达到锻炼文化意志的目的。

再次，学生要发挥主观能动性，根据自己的个性特征进行意志锻炼，克服不良的文化习惯。实践证明，每一次成功都会使意志力进一步增强。如果你用坚忍的意志克服了一个坏习惯，那么你就会获得迎接另一个挑战并取得胜利的信心。

最后，要制订切实可行、先易后难的计划，培养艰苦奋斗、坚忍不拔的意志品质是一个循序渐进的过程，并不是突然间产生的，需要反复练习，严格要求自己，找出自己成功或者失败的原因，然后乘胜前进，使自己的文化意志战胜私人欲望。

第四，实践锻炼法。实践锻炼法指教育者组织、引导受教育者积极参加各种实践活动，在改造客观世界的过程中改造自己的主观世界，不断提高思想觉悟和认识能力，养成良好的品德行为的方法。实践锻炼法对中国传统文化教育有着举足轻重的作用。一是有助于学生明确中国传统文化的标准和立场，提高学生文化认知能力；二是有利于学生将文化认知与文化实践相结合，进而形成良好的行为习惯；三是有利于学生在实践中、在与他人交往的过程中，将文化认知转化为自己解决关于优秀传统文化问题的具体行为。

运用实践锻炼法，可采取多种形式。第一，教育者可以组织学生进行社会调查、实地考察文化遗产、参观历史文化古迹，进而检验学习到的中国传统文化知识。除此之外，还可以学习英雄楷模的事迹，如致力于传播中国传统文化的女学者叶嘉莹、传承艺术艺德的表演艺术家蓝天野等，教育者可利用他们的事迹启迪和鼓舞当代学生，以优秀传统精神振奋学生。第二，鼓励学生参加与文化相关的业务实践，包括社会文化工作、教育实习、社会服务等。在完成具体工作时，学生可得到思想、能力、体力等各方面的锻炼，能够培养艰苦奋斗、不怕困难的优良品质。第三，可按照培养方案进行实际锻炼活动。引导学生尊重文化习俗和文化习惯，认识不同民族之间的文化差异以及历史传统，使学生养成积极践行优秀传统文化的习惯，成为中国传统文化的践行者。

3. 形成教育合力

网络、国家、社会、学校、学生个体是内在统一的有机整体，各司其职，密切配合，构成互为补充、相互协调的教育格局。构建五位一体的优秀传统文化教育知行协作机制，使五位一体的教育在方向上与中国传统文化教育的发展方向保持一致，并发挥各主体的教育优势，和谐互动，同频共振，形成多方联动机制，使之产生文化育人的"合力"，促进学生知行合一。

（1）搭建中国传统文化教育的现代网络平台

当下伴随着信息技术的不断发展，网络时代到来，网络已经成为学生学习的一个不可或缺的平台，也成为文化教学的新模式。通过这一模式开展教育会比传统的教学有更好的效果，更能促进学生学习中国传统文化。

在运用网络平台开展教学之前，教师自身要提高运用网络技术的能力，懂得应该如何利用网络这一平台来开展中国传统文化的教学，改变学生平时学习知识的传统方式，提高学生对于知识学习的期望。首先，教师要能够熟练地运用基本办公软件，会使用PPT、多媒体教学、视频播放等多种途径来展开教学，拓宽教学渠道，提高学生学习兴趣，保证教学质量；其次，教师也要学会利用网络这一平台来丰富自身的传统文化知识，在课余时间搜集有关中国传统文化教学的相关内容，并且深入挖掘相关教学资源，丰富自己的知识储备，也可以在传统文化的教学过程中更加自如。

网络在给学生学习带来便利的同时也带来了不好的影响，学生都处于身心发展的关键时期，缺乏辨别能力，容易受到网络上不良信息的误导。因此，急需净化网络空间，这需要国家、政府、学校合力发挥作用。国家要严格打击不法分子在网络上宣传虚假信息影响学生的身心健康发展，为学生的学习营造一个绿色健康的网络平台。学校也需要对学生加以引导，提高学生对于网络不良信息的识别能力，抵制网络带来的不良影响，为学生营造良好的网络学习平台。

（2）完善中国传统文化教育的制度保障机制

制度保障机制是中国传统文化教育有效实施的根本。构建围绕中国传统文化教育的制度保障机制需要建立健全一套有效的组织领导、监督管理机制和法律法规制度。

组织领导是指党和国家要加强对中国传统文化教育的引导，从国家层面时刻掌握文化思想的领导权，保障中国传统文化教育的实施，由党委统一部署，动员各方力量参与到学生文化教育中，形成强大的合力。在中国共产党的引领下，深化并落实文化强国发展目标，各级党委、政府部门要通过合理的分工，权责统一，完善文化建设的基本内容，规范文化行为，把教育工作落到实处，保证中国传统文化教育在正确的轨道上有序进行。

监督管理机制是保障中国传统文化教育持续发展的必要措施。为达到义化教育的理想效果，必须加强对教育全过程的监督和管理。如果没有有力的监管措施，中国传统文化教育效果会大打折扣。国家要调动全社会各方面力量的监督作用，揭露、批判各种文化消极现象，弘扬中国传统文化；引导学生养成良好的、正确的文化认知，陶冶自己的文化情操，完成自我文化观的改造。

制度能否保障学生对中国传统文化做到知行合一的关键在于制度的完善和落实。因此，需要建立科学完备的法律制度体系来促进文化教育环境的良好发展。一方面，要颁布法律法规，保证文化教育法律法规的完整性和全面性。完善文化立法，将优秀传统文化教育纳入法律，保证党委、政府的文化政策及时贯彻、落实到位，确保文化教育在有理有据的条件下进行。另一方面，规章制度是约束和规范主体行为的重要手段，将中国传统文化教育纳入规章制度，真正发挥制度育人的功能。为实现中国传统文化教育的目标，政府应利用自己特有的行政优势，制定文化发展规划，起草和出台文化宣传教育方面的文件和规章，把文化制度建设全方位覆盖到社会、学校教育的每一个方面、环节，以制度保证中国传统文化教育工作得以有效执行。此外，国家要出台文化教育运行细则，严格管控公共场所中的文化行为，促进学生的文化行为更加合理规范。

（3）营造中国传统文化教育的良好社会氛围

一种文化能否实现传承和创新，关键在于是否能得到人民群众的认同和践行。因此，要加强对中国传统文化的宣传，营造知行合一的教育氛围，使全社会的每个人都将中国传统文化根植于心。

社会组织要通力合作，丰富学生的社会实践活动。一要落实文化行为践行机制。加大博物馆、纪念馆等文化机构的开放力度，挖掘场馆所蕴含的文化内涵和精神，发挥文化场馆育人的功能，增强文化底气和能力，让优秀传统文化"活"起来。二要组织有质量、带有文化特色的系列活动。例如举办文化会演、文化知识竞赛、文化讲座等，激发学生的学习热情，增强教育的辐射效应。通过这些文化活动，使优秀传统文化思想悄无声息地走进学生的生活中。三要加强物质文化建设，将优秀传统文化融入建筑、文学作品、手工艺品中，赋予文化教育更直观的感受。四要为文化组织和机构提供资金支持，加强文化设施建设，完善民间团体和文化大厅的配套设施，如图书、文化器材等。社会组织可以建立专门的传统文化教育基地，建立文化教育实践基地，突出文化场所的功能，为文化教育工作者树立信心，推动文化事业的建设与发展。

（4）提升中国传统文化教育的学校教学质量

学生只有在思想上能够认识、认同中国优秀传统文化，才能在日常生活中进行实践。学校教育是中国传统文化教育最主要的途径。

在学校的教学设计与计划中，要使中国传统文化走进课堂，使学生在课堂教学中得到系统的教育。要滋养精神命脉，积极倡导阅读经典，品味文化经典著作，开设古典文化文献著作选读课程，可选取《论语》《孟子》《左传》等古代典籍。在传统教育模式下，思想理论课是学生获得各种文化知识的主要方式，部分教师采用程式化的教育方式，多为单向式教育，学生被动化，往往达不到文化育人的宗旨。因此，要创新教育路径，加强知行合一各环节衔接的教育。一是传统文化理论课要实施双主体教学模式。在这种教育模式下，教师要考虑学生的接受度，从"知情意行"各个教育环节中寻求对策方法，让学生能参与到文化教学中；采取课堂对话等互动方式，注入情感因素，与学生进行情感交流，实现情理交融。二是采取知而必行的教学方式，立足课堂知行合一，将中国传统文化引入课堂实践和校内实践。高校教师还可通过让学生讲述和演绎优秀传统文化故事，制作文化手工艺品、剪纸绘画等实践活动丰富教育方式，回顾历史传统，承袭文化基因。

（5）强化学生在优秀传统文化教育中的自我教育能力

人是文化的创造者和学习者，而不是被动的接受者。知行合一视域下的中国传统文化教育的路径以"内外兼修，知行合一"为特点，这不仅需要正面灌输教育，也要受教育者发挥主动性和自觉性，实现自我教育，提高知行合一的行为能力。

大道行思，取则行远。首先，要加强自身能力的培养。对于学生来说，学习文化、学习技能是实现自身价值的基石。提高自身的文化素质、心理素质、技能素质，开阔视野，努力找到自己的定位，充分展现自我，做到自尊、自信、自强，加速自我成长。其次，自我教育的前提是树立正确的自我意识。学生自我意识对个体发展具有重要的作用，是改造自身、完善自身的重要途径。在接受文化教育中，正确的认知和自我意识能够使学生完成自我检查，清楚自己的优劣势，并加以完善与改正。自我意识使个体能够不断监督自己，不断改正自己，缩短与理想中自己的差距。最后，"学而不思则罔，思而不学则殆"，在学习宝贵的传统文化知识、自我意识建立后，要学思结合，自我反思。自古以来，中国传统文化就强调学思结合。反思自省是指主体在接受正确的价值观和文化观后，端正学习态度，联系实践，不断思考，准确地认识客观事物的内在本质，增加自制力，使主体的所知所行与中国传统文化教育的要求相符。学生通过自我反思总结经验，可缓解文化知行矛盾，将外在的规定升华为自身的价值取向，提升文化行为能力。

五、立足社会实践：五位一体，协同发展

促进中国传统文化的创新需要从文化自信建设的角度审视中国传统文化在"五位一体"总布局中的意义，促使其为社会主义建设提供大力支持。在实现民族复兴的征途中，务必要准确把握"五位一体"的传统文化内涵，积极传承发展，让中国传统文化绽放出更夺目的光彩。

（一）挖掘传统文化经济要素

经济和文化二者之间相辅相成，共同促进，协同发展。中国疆域广阔，数千年积淀而成的中国文化糅合了各种各样的思想，可以促进社会主义市场经济持续发展。

中国的社会发展、民族复兴高度依赖于中华优秀传统文化的助力与支持，无论在哪一阶段、哪一种情况下，中国传统文化都在团结民众、凝聚民心方面扮演着极其重要的角色。因此，新时代在市场经济建设进程中，应加强对优秀传统文化的现代解读，凝练出能够促进市场经济发展的文化要素，促使其与社会主义现代化建设发展相适应，引导其变得更加理性、科学，同时也要对与现代化建设存在矛盾的元素进行改造与优化，使其为国家建设、社会发展提供积极作用。详细来讲，不仅要将以群体本位价值理念为主导的传统文化与社会主义市场经济建设深度融合，也要借助文化的包容性、多元性等不断完善和优化现代化传统文化精神，实现中国传统文化精髓与国家建设、社会发展的深层次、全方位融合，凭借强大的"软能"力量推动国家兴旺发展、促进民族复兴顺利实现。

（二）提炼传统民本精髓

中国传统民本思想与现代民主思想之间存在差别，但具有一脉相承的关系，应以时代发展特征为导向，全面深入地凝练出与社会主义现代化建设相适应的民本思想精髓，将其与现代民主思想全面深入融合。对于传统民本思想来讲，"爱民""教民"是其思想的核心，"民"与"君"是两个相对的概念，无民之国非国也，无民之君非君也，所以，"民"在国家建设与发展进程中尤为重要。"现代民主"是舶来词汇，蕴含了平等的意义，强调人权平等。

中国传统民本思想其实也蕴含了民主的含义，对推进中国民主建设与发展大有裨益。不过，传统民本思想也存在诸多缺陷与不足，如个体权利、地位未得到充分明确，民众监督机制不完善等。因此，在新的历史条件下，在推进社会主义民主政治建设与发展的过程中，务必以客观理智的态度审视传统民本思想，在尊重并认同其价值的前提下凝练出适用于现代化建设的精髓，在融入新元素的基础上打造新的理念及话语体系，将传统的民本思想与当前大力提倡的"以人为本"理念深度融合。

换句话说，推进传统民本思想进行时代性转化并令其与国家建设需求相适应时，应遵循马克思主义的指导，完善和优化民本思想体系，在强调"以人为本"基本理念的前提下，使传统民本思想向新时代民主思想快速高效转化，继而促进我国的政治建设和社会稳定和谐发展。

（三）传承传统文化思想精华

在传统文化与现代文化深度融合、协同发展的过程中，构筑起符合国家利益、适合现代发展的社会主义先进文化。传统文化与现代文化之间虽存在明显差别，但两者具有一脉相承的关系，无论是哪一个国家在推进文化现代化建设与发展的过程中，都应该深深地根植于传统文化的土壤之中，在传统文化中汲取精髓、获取营养。

中国传统文化一向"重伦理"，充分彰显了中华民族在五千余年的发展历程中始终坚持"尊崇道德"的民族精神，为构筑健康积极的现代社会主义先进文化夯实了重要的基础。所以，在构筑和完善社会主义先进文化的过程中，务必以传统文化为根基，在继承优秀民族文化的基础上立足于新时代发展特征，融入新的元素，并进行与时俱进的创新与完善，从而形成与现代社会发展需求相一致、与现代文明理念相匹配的先进文化体系。

博大精深的中国文化蕴含了诸多优良品质，如"自强不息""淡泊明志"等，它们铸就了中华民族屹立于世界之林的强大精神，为塑造中华民族血性品格发挥了重要作用。所以，在新时代发展背景下，应深入剖析优秀传统文化的思想精髓，提升中华儿女对本国文化的自豪感，为中华民族实现新的突破提供强大支持。

(四)阐发传统文化和谐理论

"和谐"思想是中国传统文化的重要组成部分,为打造现代化和谐社会提供了重要的引领作用。因此,在构建和谐社会的今天,应以新时代发展的视角解读中华优秀传统文化中的和谐理论,促进其为营造和谐社会、推动国民经济发展做出贡献。"和"在中国传统文化中的含义广泛,既指人与人之间相处融洽、友好信任,也指社会秩序安定祥和,同时也指天人合一,它们均强调"和谐"。因此,"和"思想成为中华民族处理人与人、人与社会、人与自然之间的关系法则。

随着市场经济的迅速发展,国民经济以惊人的速度不断发展的同时,也出现了一系列不容忽视的问题,如自然环境受到污染与破坏,而这不利于社会主义和谐社会的构建与发展。对于国内来讲,在打造和谐社会的过程中,要以传统文化中的和谐思想为重点,来审视和分析社会发展过程中所存在的问题。在推动社会主义市场经济稳健持续发展的过程中,要加强对自然环境的治理与保护,实现人与自然的友好共存,推动经济社会和谐稳定持续发展。

在国际一体化进程持续推进的今天,全球的开放性和包容度不断提升,文化也呈现出多元化、开放性及融合性的特征,使世界文明变得更加绚丽多姿。对于各国、各民族来讲,要保持有容乃大的发展态度,学会包容其他民族文化、其他国家理念。我国自古以来就强调"和而不同",强调各个国家、各个地区之间在相互尊重、平等相处的过程中和谐共存。我国始终以开放的姿态、包容的心态接纳各国文化及思想,尊重他国文明,这不仅是对中国传统文化的承袭与创新,也是为促进全球和谐发展而做出的明智决策。

从全球发展的角度来讲,我国强调的"和谐"并非单纯指的是人与人之间和谐相处,而是在尊重差异的基础上实现"和而不同",强调各国文化在相互碰撞的过程中相互吸收、协同发展,共同促进世界稳健和谐发展。

(五)拓展传统文化生态思想

传统文化生态思想的核心要义是将人与自然视为一个有机整体,主张"天人合一",其中蕴含了可持续发展理念,充分彰显了古代人民卓越的智慧。早在古代,我国人民就已经对人与自然之间的关系做出了明智且合理的阐释,与我国当前倡导的可持续发展理念及生态文明思想具有异曲同工之妙。

随着现代化进程的持续推进，蓬勃发展的市场经济使得人们的经济收益明显增多，而这也在一定程度上膨胀了人们的欲望，有一些人不惜污染和破坏生态环境谋取私利。所以，在大力推进生态文明建设与发展的过程中，中国需要在汲取"天人合一"等传统生态思想精髓的前提下，立足于新时代发展环境，融入新的元素、新的理念、新的思想，由此构造出超越工业文明的生态思想体系。

换言之，应以传统生态思想为根基推进现代生态文明建设，在尊崇自然的前提下，以人与自然友好共存为基本宗旨，健全并优化现代生态文明思想体系，实现人与生态系统的稳定平衡，基于此探寻出适合国情且有助于实现生态效益与经济效益和谐统一的新发展模式，为中国顺利迈入生态文明新时代提供大力支持。

六、积极传播推广：交流互鉴，走向世界

在世界文明体系中，中国传统文化占据着举足轻重的地位，其在历经数千年风雨之后依旧拥有强大生命力的根本在于始终与他国文化保持交流互鉴。在大力推进文化自信建设的时代背景下，对中国传统文化进行创新时，要加强文化间的交流互鉴，给中国传统文化创新提供更为广阔的发展空间，走一条开放而不封闭、交流而不闭塞的新型文化发展道路。在不断交流的过程中，促进"双创"理论在实践中发展，在国际上提升文化认同。

（一）实施"走出去"战略

"双创"理论不仅是中国解决继承和发展传统文化问题的重要理论，同时也是世界文化理论的重要组成部分。我们要深刻认识"双创"理论在世界文明宝库中的重要地位，以更加积极的态度拓展"双创"理论在国际社会的发展空间，给世界上那些同样面临继承和创新传统文化难题的国家和民族提供理论支撑和经验借鉴，促进"双创"理论更好地融合世界文化潮流，不断巩固"双创"理论在世界文化体系中的地位。

1. 创新表达形式和话语体系

"走出去"要注意创新对外话语表达形式和语言体系。对中国传统文化进行

创新的目的就是要在充分挖掘和展示中国文化魅力的过程中，不断提升中国文化在世界文明格局中的地位。这就要求我们在创新的过程中不能闭目塞听，而是要积极地进行文化间的交流和传播，在世界文化潮流中寻求发展定位，凸显自身民族特色。同时，也要求我们要在新时代的文化交流和发展过程中，讲好中国故事，不断打造和提升我国的国际形象，探索国际表达的恰当范式，兼顾中华民族特色。这种表达形式和话语体系的创新也是传统文化创新性发展的重要组成部分，充分挖掘传统文化中的民族特色和精神标识，创新对外表达形式，更好地打造中国文化这张中国外交的金名牌，让国际社会认识中国的传统文化和中国传统文化里的中国，进而提升中国文化的影响力。

2. 加强文化创新成果的对外传播和宣传

"走出去"要加强当前文化创新成果的对外传播和宣传，更好地提升中国精神在世界的影响力。"双创"理论不仅追求用文化复兴来推动中华民族的复兴和发展，同时还追求推动世界文明一道发展。我们要用实际行动在世界范围内传播中华民族精神。中国是爱好和平的国家，我们并不阻碍世界其他国家发展，而是乐于和世界一道进步发展。我们要将现在对传统文化进行创新性发展的实践经验和转化创新成果与世界共享，给世界提供解决当前文化发展面临的传统和当代文化衔接之间的矛盾贡献中国经验和中国智慧。同时，我们要加强对文化创新成果的对外宣传和传播，这对于我国更好地提升国际政治站位、更好地解决国际争端和矛盾、塑造新型国际关系都有积极意义，特别是对人类社会的进步和发展具有启示意义。

（二）积极借鉴外来经验

1. 广泛吸收借鉴各国先进文明成果

中国在国家建设和文化发展方面实行的一系列政策和措施，都是我国人民在中国共产党领导下根据具体实践摸索出来的，马克思主义并没有提供直接的方法。

在传统文化创新性发展的领域，我们可以在坚守本国立场和共同原则的基础上广泛吸收其他国家传统文化转化创新的发展经验，借鉴世界文明发展的先进成果，提取其中有利于我国发展的精华和要素，作用于我国的文化创新事业。值得注意的是，这种吸收和借鉴要以坚定的马克思主义立场为前提，在高度的文化自信基础上汲取，坚持走具有鲜明中国特色的文明道路，而不能动摇我国的文化根基，丧失民族特性。

2. 积极实现外来文化理论和"双创"理论融合

广泛吸收借鉴外来文化，不仅表现为要借鉴外来文化的转化和发展成果，还要积极借鉴国际上比较成熟的文化发展理论和思维，促进"双创"理论在交流中得到完善和发展。当前世界范围内文化产业发展普遍推行跨界思维、服务思维、融合思维和生态系统思维等，我们要深度认可其他国家和地区文化发展的优秀成果，认识到正确思维的运用对于文化发展的核心作用，在坚守本心的基础上借鉴文化发展的成熟思维，促进文化发展的优秀思维在中华大地上生根发芽。同时，我们也要在借鉴和吸收的过程中坚持文化自信，不能因盲目借鉴而弱化中国传统文化本体，要充分重视中国优秀文化的根本地位。

（三）维护国家文化安全

在全球化持续推进的今天，我们既要积极"走出去"，更要敞开心扉，自觉学习借鉴，吸取外来文化中的优秀成果，实现中国传统文化的创新。但是，我们务必要增强警惕心，保障国家文化安全。在此应深刻认识到，维护国家文化安全并非意味着断绝与其他国家在文化方面的交流与互鉴。

在与他国文化进行交流互鉴的过程中，务必以辩证性的思维进行审视与分析，准确全面地把握其精神实质，判断其是否与中国国情相适应，若有利于构筑中国先进文化，那么就需要按照中国文化发展需求对其进行完善与优化，赋予其中国元素及时代特点。在中国传统文化创新性发展阶段，我国务必从多方面入手加强对国家文化安全的维护。

其一，要全面增强国民的文化自觉性，促进国民的文化自信水平不断提升。中国文化历经数千年的风雨洗礼依旧绽放出强大的光芒，这与我国不断创新和优化自身文化有着密切关联。中华儿女需要深刻认识到，中国文化符合中国国情且是有利于推动全球文化发展的积极文化，要在增强文化自信心的基础上抵御西方文化霸权。

  其二，积极构建社会主义核心价值观。在与他国文化碰撞融合的过程中，应汲取其精华为我所用，为完善和优化社会主义核心价值观提供大力支持。中华民族反对西方的普世价值观，并不是与世界发展脱离，更不是否定法治、民主等共同价值，而是积极探寻与人类可持续发展理念相适应且有助于保障人权的文化体系，着力打造科学的社会主义核心价值观。

参考文献

[1] 潘万木，刘风华，程远志. 简明中国传统文化 [M]. 武汉：华中科技大学出版社，2014.

[2] 黎光，赵冬菊. 中国传统文化概论 [M]. 成都：西南交通大学出版社，2015.

[3] 刘新科. 中国传统文化与教育 [M]. 长春：东北师范大学出版社，2016.

[4] 向怀林. 中国传统文化要述 [M]. 重庆：重庆大学出版社，2016.

[5] 郭雪峰. 中国优秀传统文化与大学生人文素质培养 [M]. 长春：东北师范大学出版社，2016.

[6] 曾凡英，王红. 中国传统文化与文化传统的现代化 [M]. 长春：吉林大学出版社，2017.

[7] 黄娟. "一带一路"视野下中国传统文化探究 [M]. 北京：中国商务出版社，2017.

[8] 秦海燕. 优秀传统文化的传承与创新 [M]. 长春：吉林出版集团股份有限公司，2018.

[9] 陈晓霞. 新时代传统文化创新性发展研究 [M]. 北京：中国国际广播出版社，2018.

[10] 陆通. 中华优秀传统文化与文化自信 [M]. 长春：吉林出版集团股份有限公司，2018.

[11] 杜茜. "一带一路"视野下中国传统文化的传承与发扬 [M]. 北京：中国商业出版社，2018.

[12] 罗本琦. 传统文化与马克思主义中国化 [M]. 芜湖：安徽师范大学出版社，2018.

［13］辜堪生.中国传统文化概论[M].成都：西南财经大学出版社，2018.

［14］吴江.中国传统文化的思想政治教育价值研究[M].北京：北京理工大学出版社，2019.

［15］李丹.中国优秀传统文化[M].长春：东北师范大学出版社，2020.

［16］许永莉.中国传统文化概论[M].北京：北京工业大学出版社，2020.

［17］张斌.中国传统文化概论[M].长春：吉林出版集团股份有限公司，2020.

［18］姚倩倩.优秀传统文化传承与创新研究[M].北京：中国纺织出版社有限公司，2021.

［19］赵静，王婷婷.中国传统文化与当代教育研究[M].北京：中国商业出版社，2021.

［20］李子轩，孙蜜丽，孙玉，李显恩，吴浩伦.中国传统文化的现状、问题及创新发展方式探讨[J].中国文艺家，2020（01）：75.

［21］海娜.中国传统文化的创造性转化与创新性发展探析[J].兵团党校学报，2020（04）：80-84.

［22］赵丹枫.中国传统文化在新媒体时代的传播研究[J].快乐阅读，2021（24）：23-25.

［23］陈蔚林.中国传统文化的对外传播策略探析[J].新闻文化建设，2021（21）：7-8.

［24］陆妹.论中国传统文化的传播[J].汉字文化，2021（12）：168-169.

［25］张培.移动媒体时代中国传统文化的海外传播策略分析[J].传媒，2021（03）：77-78，80.

［26］张思璐.探析新媒体时代的中国传统文化传播[J].时代报告（奔流），2021（02）：44-45.

［27］温丽君.新媒体视域下中国传统文化的传播方式与途径[J].新闻研究导刊，2021，12（01）：235-236.

［28］贾延儒，曾华锋.传统文化创造性转化与创新性发展的三重逻辑[J].人民论坛·学术前沿，2021（12）：104-107.

［29］刁若菲，杜磊.全媒体时代中国传统文化传播的创新性研究[J].河北工程

大学学报（社会科学版），2021，38（02）：86-90.

［30］陈京炜，孙艺源. 现代媒介环境下中国传统文化创新发展研究 [J]. 中国广播电视学刊，2021（05）：39-42.

［31］靳风. 汉语传播在"一带一路"沿线国家：现状、问题与对策 [D]. 外交学院，2016.